2024年第2辑·总第10辑

公益诉讼检察工作指导

最高人民检察院公益诉讼检察厅／编

中国检察出版社

图书在版编目（CIP）数据

公益诉讼检察工作指导 . 2024 年 . 第 2 辑 / 最高人民检察院公益诉讼检察厅编 . -- 北京 : 中国检察出版社，2024. 9. -- ISBN 978-7-5102-3128-5

Ⅰ . D925.04

中国国家版本馆 CIP 数据核字第 202401VW42 号

公益诉讼检察工作指导（2024 年第 2 辑）

最高人民检察院公益诉讼检察厅 编

责任编辑：王 欢
技术编辑：王英英
美术编辑：徐嘉武

出版发行：中国检察出版社
社 址：北京市石景山区香山南路 109 号（100144）
网 址：中国检察出版社（www. zgjccbs. com）
编辑电话：（010）86423780
发行电话：（010）86423726 86423727 86423728
（010）86423730 86423732
经 销：新华书店
印 刷：北京联兴盛业印刷股份有限公司
开 本：710 mm × 960 mm 16 开
印 张：15.25
字 数：194 千字
版 次：2024 年 9 月第一版 2024 年 9 月第一次印刷
书 号：ISBN 978 – 7 – 5102 – 3128 – 5
定 价：60.00 元

《公益诉讼检察工作指导》编委会

《公益诉讼检察工作指导》
通讯编辑

目 录

高层声音

领导讲话

本期聚焦——检察机关服务保障长江经济带高质量发展研讨会

专题研究

案例解读

调研报告

工作研究

地方经验

高层声音

GAOCENG SHENGYIN

应勇出席检察机关服务保障长江经济带
高质量发展研讨会强调

深化检察监督与行政执法协同
为长江经济带高质量发展提供有力法治保障

为深入学习贯彻习近平生态文明思想、习近平法治思想，认真落实习近平总书记关于推动长江经济带高质量发展重要讲话，全面贯彻实施长江保护法，深化检察监督与行政执法协同，为长江经济带高质量发展提供有力法治保障，最高检联合生态环境部于2024年5月16日在湖北省宜昌市召开检察机关服务保障长江经济带高质量发展研讨会。最高人民检察院党组书记、检察长应勇出席并发表讲话。

应勇指出，长江经济带横贯东西、承接南北、通江达海，在推进强国建设、民族复兴中地位重要、使命重大。推动长江经济带发展是以习近平同志为核心的党中央作出的重大决策，是关系国家发展全局的重大战略。党的十八大以来，习近平总书记多次深入长江沿线考察调研，4次主持召开推动长江经济带发展座谈会并发表重要讲话，深刻阐述长江经济带发展战略的重大意义、推进思路、重点任务，为长江经济带高质量发展指路领航。党中央、国务院专门出台《长江经济带发展规划纲要》《关于进一步推动长江经济带高质量发展若干政策措施的意见》。在习近平总书记系列重要讲话精神指引下，长江经济带日益成为我国生态优先绿色发展主战场、畅通国内国际双循环主动脉、引领经济高质量发展主力军。

应勇强调，推动长江经济带高质量发展，必须充分发挥法治固根本、稳预期、利长远的保障作用。检察机关作为国家法律监督机关和保障国家法律统一正确实施的司法机关，履职其中责无旁贷。近年来，检察机关深入学习贯彻习近平总书记系列重要讲话精神，立足检察职能，携手相关部门，努力为长江经济带高质量发展提供更优法治保障。最高检出台服务长江经济带发展“十项检察措施”，制定办理长江流域环境资源案件协作配合20条意见。会同生态环境部、自然资源部等9部门制定依法打好污染防治攻坚战的意见，会同水利部、国家林草局分别健全行政执法与检察公益诉讼协作机制，推动法律监督与人大监督、民主监督、社会监督等有机衔接。联合相关部门开展打击危险废物环境违法犯罪、长江河道非法采砂整治、河湖安全保护等专项行动，共护一江碧水。这些都是近年来检察机关携手各方共抓大保护的生动实践和具体体现。

应勇要求，一要深入学习贯彻习近平总书记重要讲话精神，切实增强服务推进长江生态环境保护修复的责任感。习近平总书记深刻指出“从长远来看，推动长江经济带高质量发展，根本上依赖于长江流域高质量的生态环境”，突出强调“要把修复长江生态环境摆在压倒性位置”。全国人大常委会执法检查报告也指出：“长江保护法的核心是长江流域生态环境修复。”检察机关服务保障长江经济带高质量发展，必须牢牢抓住生态环境保护修复这个关键，充分运用法治力量推动高水平保护和高质量发展良性互动。在党中央坚强领导下，长江流域生态环境保护和修复取得重大成就，“一江碧水向东流”美景重现。同时也要看到，长江流域生态环境保护和高质量发展正处于由量变到质变的关键时期，取得的成效还不稳固，客观上也还存在不少困难和问题。服务推进长江生态环境保护修复，既是攻坚战，也是持久战，需要久久为功、抓好落实。各级检察机关要深入学习贯彻习近平总书记重要讲话精神，坚持目标导向、问题导向，聚焦长江保护中的短板弱项，突出办案重点，加大办案力度，高质效办好每一个案件，高质效履行法律监督职责，更好守护中华民族的母亲河。

二要坚定贯彻“共抓大保护、不搞大开发”战略决策，以高质效检察履职服务长江经济带高质量发展。习近平总书记强调:“毫不动摇坚持共抓大保护、不搞大开发,在高水平保护上下更大功夫。”高水平保护是高质量发展的重要支撑,生态优先、绿色低碳的高质量发展只有依靠高水平保护才能实现。检察机关服务保障长江经济带高质量发展,要始终把高水平保护摆在突出位置。一是持之以恒推进污染防治攻坚。长江污染治理成效明显,但重点区域、重点行业防污压力仍然很大。要结合开展“检护民生”专项行动,充分履行各项检察职能,切实用最严格制度最严密法治保护良好生态环境这个最普惠的民生福祉。坚持严的基调不动摇,依法惩治工业废水偷排、固体废物非法倾倒等违法犯罪,保持有力震慑。加强公益诉讼检察工作,聚焦长江大保护中的城镇污水、化工、船舶、尾矿等重点领域污染问题,以点带面推动系统治理。坚持把中央生态环境保护督察、长江经济带生态环境警示片反映的问题作为公益诉讼办案重点,持续跟进监督。二是标本兼治推进长江生态环境修复。推进生态环境修复是长江治理更为重要、更为艰巨的任务。要坚持系统观念,在检察履职办案中更加注重统筹兼顾上下游、左右岸、干支流,协同治理山水林田湖草等各种生态要素。要推动源头治理,敏于发现典型个案、类案背后反映的行业管理、社会治理问题,高质量制发检察建议,推动行政机关加强监管,促进从源头上治理长江生态环境。要做实恢复性司法,深入推行“专业化法律监督+恢复性司法实践+社会化综合治理”生态检察模式,针对不同类型案件特点,采取损害赔偿、增殖放流、补植复绿、异地修复等方式,督促做好生态环境修复工作,促进保持长江生态完整性。三是以法治力量维护生态安全。生态安全是国家安全的重要组成部分。长江流域检察机关要贯彻总体国家安全观,对本地生态红线、重要生态空间心中有数,结合实际开展专项监督,切实保障长江经济带自然环境和条件不受破坏,守牢美丽中国建设安全底线。坚定落实“十年禁渔”,持续开展打击长江流域非法捕捞专项行动,把握一般违法与刑事犯罪界限，推动行政处罚与刑事处罚有机衔接。依法惩治非法引进、释放、丢弃外来入侵物种等违法犯罪行为，为长江生物种群筑起更加坚实的安全屏障。

服务保障长江经济带高质量发展，既要突出重点，也要整体推进，更好统筹生态环境保护和经济社会发展。长江流域检察机关要完整、准确、全面贯彻新发展理念，落实好“把非经济性政策纳入宏观政策取向一致性评估”等要求，聚焦绿色转型、科技创新、区域协同、文化保护等领域强化检察履职，增强各项举措的关联性和耦合性，打好服务保障“组合拳”。要促进经济社会发展全面绿色转型，深入践行绿水青山就是金山银山理念，服务加快培育壮大绿色低碳产业，促进把长江经济带打造成为人与自然和谐共生的绿色发展示范带。要服务加快发展新质生产力，深化知识产权检察综合履职，依法惩治侵犯商业秘密和关键核心技术等犯罪，加强与知识产权管理部门协作联动，加大对前沿科技领域原始创新的保护力度，服务推动长江经济带创新发展。要服务纵深推进统一大市场建设，依法惩治各类破坏市场经济秩序犯罪，推动执法司法标准统一，以法治统一助力建设统一大市场。扎实开展“检察护企”专项行动，依法平等保护各类经营主体合法权益，着力营造法治化营商环境。要保护传承弘扬长江文化，持续开展打击防范文物犯罪专项工作，探索文化遗产和文物保护等领域公益诉讼，加强历史文化名城名镇名村法治保护，更好弘扬长江文化，延续长江文脉。

三要牢固树立“一盘棋”思想，促进提升长江经济带执法司法协作质效。服务保障长江经济带高质量发展是一项系统工程。各级检察机关要坚持上下一体、内外联动，携手各方稳步推进长江经济带生态共同体和利益共同体建设。一是深化依法一体履职。充分发挥检察一体化优势，四级检察机关、各业务条线、院内各部门既要各司其职，也须密切配合。跨层级方面，要健全依法跟进监督、接续监督机制。

最高检、省级院要善于运用交办、提办、督办、领办等方式，协调解决基层办案难以解决的困难。跨条线方面，要完善检察机关内部线索双向移送、研判会商、结果反馈等机制，提升“四大检察”综合履职效能。跨区域方面，要深化区域协同履职，措施共商、风险共防、问题共治、资源共享，切实在履职办案中拧成“一股绳”。二是加强执法司法协作。服务保障长江经济带高质量发展，需要执法司法机关一起努力。各级检察机关要在党委领导下，完善同生态环境等执法司法机关信息共享、案情通报、线索移送等工作机制，更好凝聚法治建设合力。深化行政执法与刑事司法双向衔接，加强检察公益诉讼与行政执法、行政机关生态环境损害赔偿诉讼有机衔接。三是完善社会支持机制。推动长江经济带发展是全社会的共同事业。要用好“益心为公”志愿者检察云平台，更好发挥广大志愿者在线索发现、专业咨询、观察评估等方面的积极作用。自觉接受人大监督、民主监督和社会监督，共同推动解决工作中遇到的实际困难。

在珠江流域水环境治理公益诉讼专案动员部署会上的讲话

（2024年4月15日）

张雪樵*

经最高检应勇检察长批准，最高检正式立案办理珠江流域水环境治理公益诉讼专案。今天我们召开专案动员部署会，主要任务是深入贯彻习近平生态文明思想、习近平法治思想和习近平总书记关于大江大河治理的重要指示精神，部署珠江流域水环境治理公益诉讼专案办理工作，推动跨区域协同、多部门联动，加大对珠江流域生态环境保护力度，服务保障珠江流域高质量发展。刚才对专案办理工作进行了安排部署，各地要统一思想、统一目标、统一行动，切实抓好落实。下面，我谈几点意见。

一、为什么要立案办理珠江流域水环境治理专案

江河湖库是生态系统和国土空间的重要组成部分，也是经济社会发展的基础支撑。党和国家历来重视大江大河流域治理。习近平总书记强调，保护江河湖泊，事关人民群众福祉，事关中华民族长远发展。党的二十大提出，统筹水资源、水环境、水生态治理，推动重要江河湖库生态保护治理。我们要从讲政治、顾大局的高度，深刻认识办好珠江流域水环境治理专案的重大意义，充分发挥公益诉讼督促协同和法治保障作用，推动流域水环境综合治理、系统治理、源头治理。

---

* 张雪樵，最高人民检察院副检察长、检察委员会委员，二级大检察官。

第一，办好珠江流域水环境治理专案是检察机关服务国之大者的政治担当。珠江是我国水流量第二大河流，境内第三长河，流域水系发达，涉及滇、黔、桂、粤、湘、赣、闽等7省区，面积约45万平方公里，以占全国国土约6.8%的面积，承载了全国约15%的GDP。珠江流域不仅在陆地上与越南等多国接壤，也拥有我国近三分之一的海岸线。丰富的自然资源和独特的地理区位使珠江流域在我国经济社会发展和生态安全体系建设中具有重要战略地位。随着粤港澳大湾区等国家重大战略的实施，珠江流域的生态保护不仅关系到全国经济发展，而且影响到“一国两制”和中华民族伟大复兴的进程。各级检察机关聚焦珠江流域水环境治理突出问题开展公益诉讼办案，具有非常重要的政治和历史意义，要以强烈的荣誉感、责任感来全身心投入专案的办理。

第二，办好珠江流域水环境治理专案是检察机关服务深入打好碧水保卫战的务实举措。近年来，珠江流域各省区和有关部门持续加强监管力度，流域生态环境质量状况总体向好。但由于珠江流域涉及的地域范围广、河流湖库众多，上下游发展差距大，生态保护与经济发展之间协同性较弱，不同省区和部门之间协同不足，导致水环境治理仍然存在不少突出问题。譬如，流域一些地区旱季“藏污纳垢”、雨季“零存整取”，汛期污染问题凸显，高原湖泊保护治理任务艰巨，城乡黑臭水体尚未从根本上消除。珠江中上游地区采矿、冶炼产业集中，部分矿山企业防污措施不到位，加之历史遗留采矿场、尾矿库存量多，导致重金属污染风险较高。非法网箱养殖不同程度污染水域环境，畜禽养殖“重养不重治”，环境负荷大，新污染物等农业面源污染问题突出。珠江水系通航里程约1.58万公里，水路货运量仅次于长江，流域港口众多、船舶流动性大，船舶污染治理面临接污设施配备不到位、行政监管衔接不畅等难题，船舶污染物直排入江问题凸显。此外，流域人为水土流失、水利工程生态流量泄放不达标、河湖“四乱”等问题，影响水环境治理。以上水环境治理问题涉及的区域范围广、差异大，行政监管部门多、层级不一，仅靠局部发力，难以根本解决。各地检察机关分散监督、碎片化办案，同样达不到最佳效果。最高检决定直接立案，就是希望通过检察一体化履职和“大兵团作战”方式，督促推动全流域联动、多部门协同，系统推进水环境治理。

第三，办好珠江流域水环境治理专案是公益诉讼检察办理高质效案件的具体实践。2024年是探索建立检察机关提起公益诉讼制度十周年。十年来，全国检察机关持续不断“答新题”“解难题”，推动公益诉讼检察在改革中发展、在探索中加强、在创新中前进，闯出了一条令人瞩目的公益保护“中国之路”，成为世界法治文明的新样本、新形态。为什么公益诉讼检察能够得到中央肯定、社会认同和国际赞誉？归根结底是万峰湖、南四湖、长江船舶污染治理等为代表的高质效案件展现出来的治理效能，让人民群众对公益诉讼检察价值可感受、能感受、感受到。当前，公益诉讼检察已经由初创阶段迈入高质量发展阶段，专门立法也进入了攻坚期。这要求我们不仅保持稳定的办案规模，更要聚焦办理一大批有影响、效果好的精品案件，为立法提供支撑。没有实实在在的高质效办案实践为基础，推动检察公益诉讼专门立法和完善制度体系只能纸上谈兵。正因为如此，最高检专门部署高质效办案督导工作，要求每一个检察院每年都要办理至少3起有影响的高质效案件。珠江流域水环境治理专案难不难办？专案涉及7省区和7大类违法问题，复杂程度前所未有，是目前难度最大的公益诉讼专案！大家要以“明知山有虎，偏向虎山行”的勇气和魄力，密切配合、迎难而上，办好这件“史诗级”案件。

二、怎么样办好专案

珠江流域水环境治理专案办理对办案模式、履职能力和监督智慧都提出了新的更高要求。公益诉讼检察厅按照一体化办案总体思路，研究起草了专案通知和工作方案，画好了时间图和路线表。我在这里强调几个问题。

第一，准确把握办案目标。专案的直接任务是摸排发现一批问题线索、立案办理一批典型案件、推动解决一批水环境突出问题，这是专案成功的基础。但我们不能局限在就案办案，最终目标还是要破解“多头管”“交叉管”“无人管”“都不管”困境，实现相关主体各归其位、各司其职、各尽其责的协同治理效果。从专案七个重点领域看：在矿业污染治理方面，要最大限度消除累积性重金属污染风险。重点推动解决矿山企业开采作业不规范、防污措施不到位，尾矿库管理不规范、治污不积极，历史遗留采矿场、尾矿库无人管等问题。针对一些大型矿产企业持续污染环境、行政监管失灵的问题，敢于提起民事公益诉讼，依法追究生态环境损害责任。在城乡水污染治理方面，要扭转旱季“藏污纳垢”、雨季“零存整取”局面。重点聚焦工业废水排放不达标、污水处理设施未依法配备、生活污水违法直排等问题加大办案力度，推动解决市级及以下工业园区，特别是村镇级产业聚集区污染防治监管不足问题。同时要密切关注云南抚仙湖水质波动大、杞麓湖和星云湖的水质污染问题。在农业养殖污染治理方面，要助推农业养殖产业规范化发展。重点推动解决非法网箱养殖影响行洪安全和水环境，规模化畜禽养殖选址违规、污染防治不到位，以及渔业养殖尾水超标排放等问题，在船舶污染治理方面，要推动船舶污染物收集、接收、转运、处置闭环管理。落实法律规定要求，重点推动港口码头船舶污染物接收、转运、处置设施全覆盖，船舶污染物收集、排放监管规范化，促进实现“船—港—城”闭环处置。同时，加大对未经环评拆解、冲滩拆解船舶等问题的监督力度，推动船舶拆解规制化。在水土保持治理方面，要促进人为水土流失有效管控，重点地区水土流失有效治理。重点推动解决生产建设项目未批先建、未批先变、未验先投、未缴纳补偿费等突出问题。在生态流量监管方面，要保障河流连通性和水生态系统健康。重点推动解决水利工程生态流量泄放不达标、泄放设施建设运行不符合规定等问题。在河湖“四乱”治理方面，要坚持有乱必清，确保河道畅通，提升河道行洪泄洪能力。重点推动解决未经批准围垦河道、非法侵占水域滩涂，非法采砂、取土，在管控范围内乱堆垃圾、倾倒填埋贮存堆放固体废物、弃置堆放妨碍行洪物体，违法占用河湖水域岸线、违规建设建筑物和构筑物等问题。

第二，准确把握办案思路。专案采取最高检负责主案、地方检察机关同步办理关联案件的一体履职模式，四级检察院统分结合、因案施策、整体推进，协同推动国家部委、地方政府及其有关部门依法履职。深化运用检察一体化办案机制，实行大兵团联合作战，是检察机关突破重大疑难复杂案件过程中积累的宝贵经验。最高检公益诉讼检察厅、省级检察院公益诉讼检察部门要加强对专案的统筹指挥，通过挂牌督办、个案指导、定期通报等方式，加强督促指导，推动形成上下联动、指挥有力、协作顺畅的一体化办案格局。同时，运用好跨行政区划管辖协作机制，形成协同共治合力。一是统一研判线索。最高检专案组和各省级检察院专案分组要建立工作台账，集中对案件线索进行研判，及时发现办案中存在的问题，提出指导意见。加强对各地上报线索的把关指导，以交办、挂牌督办等方式统一分配办案任务、调配办案力量，以线索备案审查等方式把控办案质量。在前期调研、初核阶段，各地已经摸排掌握了一定数量的问题线索，要抓紧研究分析，尽快启动办案工作。二是统一办案标准。流域水环境治理是一项系统工程，专案确定的七个重点领域涉及的法律政策问题极为复杂。各级检察机关要在最高检统一部署下，按照统一标准开展办案工作。只有每一个案件都严格规范，才能保证专案的高质量。要严格把握公益损害和行为违法两个立案条件，把准可诉性，把严精准性，当诉则诉，要坚决防止有案不立、该诉不诉、随意结案等问题发生。最高检专案组和各省级检察院专案分组要全面梳理七个重点办案领域典型违法情形，下发工作指引和经验做法，供各地办案参考。要定期汇总专案进展，推广好的经验做法，帮助解决案件办理中的法律和政策使用问题。三是统一工作节奏。珠江专案可能要为时数年，但今天的动员会就是“发令枪”，各地在前期摸排线索的基础上，近期要有案件。虽然涉及面广，但要有阶段性的目标。争取下半年在船舶污染、养殖污染、河湖“四乱”等方面取得歼灭性成果。也就是说，这几个方面是重点中的重点，是四级检察机关集中力量攻克的几大战役。具体办案中要有分工，涉及国家部委或者派出机构的履职问题，以及省级政府之间的协调问题，由最高检为主推动解决；对于地方政府及其部门的履职问题，还是要依靠各级检察机关来推动解决，各级检察院都要压实主体责任。省、市两级检察院要加强对下督促指导，对举措不力、进展缓慢的，想方设法督促推进；对发现的问题和困难，认真研究解决；对确有阻力障碍的案件，依法督办、提办、领办或指定跨区划管辖。各地也可以因地制宜，制定能打歼灭战的个性目标。通过打歼灭战来办成有影响案件。

第三，准确把握办案重点。各级检察机关要聚焦专案七个重点领域，逐项摸排问题，形成案件线索清单，有针对性开展办案工作。一是处理好全局和一域的关系。专案七个重点领域问题是珠江全流域的全局性问题，具有普遍性，各地都应当纳入办案范围。但流域不同地区的问题类型和程度都会有较大差异。比如，采矿企业、尾矿库污染和生态流量监管问题，主要分布在珠江中上游，其他地区相对较少；农业养殖污染方面，有地区表现为非法网箱养殖问题，有的地区则规模化畜禽养殖污染突出；船舶污染问题集中在通航区域；城乡水污染、水土保持、河湖“四乱”等问题则在全流域范围内存在，只是表现特点不同。各专案分组要区分主次、对号入座，抓住主要矛盾开展办案工作。二是处理好法理情的关系。影响水环境治理的因素有很多，不仅有违反法律规定的行为，也有一些政策原因或者历史遗留等问题。要始终聚焦违法行为导致公益受损的问题进行监督。比如，城镇生活污水管网和处理设施欠账多，导致污水处理能力不足问题，依照法律可以认定不作为，但要结合实际情况来分析和把握办案目标的可行性；自然因素导致的水土流失问题，都不宜列为监督范围。当然，也要注重抓前端、治未病，对办案中发现的政策漏洞和监管盲区，应当积极推动有关部门健全完善制度机制，做好“后半篇文章”。三是处理好检察办案与行政执法的关系。检察公益诉讼是督促之诉，是通过法律监督权的行使推动行政机关依法行政，保护公益。检察机关办理珠江流域水环境治理专案，与各级政府及其部门的目标一致，都是为了共抓大保护，守护好一江碧水。要深入践行双赢多赢共赢理念，主动与相关行政机关沟通，把办案的道理讲清楚，力争形成良性互动惯性，协同发挥职能作用，更好地推动解决问题。

三、要注意哪几个问题

一分部署，九分落实。各级检察机关要以高度的政治自觉、法治自觉和检察自觉，切实做好组织保障工作，高标准、严要求把专案工作推向深入、取得实效。

第一，争取地方重视支持。珠江流域水环境治理问题涉及区域范围广，行政机关多，社会关注度高。省市县三级检察院都要及时向地方党委政府报告，争取重视支持。这是办案能否破除各种难题，取得成效的关键。最高检之前成功办理的几个重大案件，都是在有关省委、省政府支持下推进的。大家要高度重视这一点，省委、省政府领导有批示的，及时上报。

第二，加强组织领导。要加大谋篇布局、统筹协调力度，制定切实可行的具体工作举措，明确工作目标，压实工作责任，确保各项任务落实到位。为便于统筹调度，最高检专门成立了专案组，由我担任专案组长，公益诉讼检察厅厅领导和部分业务骨干参加专案办理。各省级院也要抽调业务骨干组成专案分组，负责本省（市）重点案件办理，协调指导市、县两级院办案工作。各级检察院分管院领导要靠前指挥，亲自协调重点环节、亲自督办重要案件，带头办理重大疑难复杂案件，发挥表率作用。

第三，注重科技支撑。科技化、数字化是各行各业创新发展的新动力，也是专案成功的重要支撑力量。各级检察机关要充分运用卫星遥感、快速检测、无人机航拍等技术辅助办案。最高检在初核工作中，委托中科院空天信息研究院运用卫星遥感技术对流域河道网箱养殖区域主要分布区域进行了筛查。各地可研发监督模型，结合有关数据发掘案件线索。要充分发挥“益心为公”检察云平台作用，强化与志愿者队伍的联系，创新志愿者参与专案方式，发挥志愿者在线索发现、协助调查、听证咨询、专业论证等方面的最大效能。

第四，严守办案纪律。要加强风险研判，对于重大敏感案件，严格按照“三同步”的工作要求，制定工作预案，防止舆情风险。未经上级院批准，严禁对外宣传专案情况和发布案件信息。

同志们，“功崇惟志，业广惟勤”。珠江流域水环境治理专案目标已定、方向已明，关键在于落实。让我们强化担当、鼓足干劲，迅速行动起来，全面深入推动专案办理工作，更好地服务珠江流域生态环境保护和高质量发展，为中国式现代化贡献力量。

领导讲话

LINGDAO JIANGHUA

在海洋公益诉讼检察工作调研座谈会上的讲话

（2024 年 4 月 23 日）

徐向春*

今天召开海洋公益诉讼检察调研座谈会，主要任务是贯彻落实最高检党组“高质效办好每一个案件”要求，总结沿海各省（区、市）检察机关落实工作通知要求，深入推进海洋公益诉讼检察工作情况，增强检察公益诉讼服务保障海洋强国建设能力。

海洋孕育了生命、联通了世界、促进了发展。党的二十大报告明确提出，发展海洋经济，保护海洋生态环境，加快建设海洋强国。海洋是我国经济社会高质量发展的重要资源，海洋文明、海洋经济依海而生，“一带一路”、粤港澳大湾区建设等重大战略靠海而成。去年，习近平总书记考察湛江时指出“加强海洋生态文明建设”“要像爱护眼睛一样守护好红树林”，足见国家对海洋自然资源和生态环境保护的高度重视。沿海地带是我国经济发展的排头兵、对外开放的主窗口，海洋公益诉讼检察涉及沿海 11 个省级院，约占全国三分之一，办案单位涉及 69 个市级院、383 个基层院，从国家经济社会发展和检察公益诉讼事业发展角度看，海洋公益诉讼检察工作使命重大，意义非凡。

2019 年 2 月，最高检部署开展了“守护海洋”检察公益诉讼专项监督活动，集中持续开展海洋公益诉讼检察实践，在沿海各地检察机关的共同努力下，海洋公益诉讼案件办理全面展开，业务框架基本形成，海洋公益诉讼检察影响力和认同度不断扩大。2022 年，“两高”

---

* 徐向春，最高人民检察院公益诉讼检察厅厅长、一级高级检察官。

《关于办理海洋自然资源与生态环境公益诉讼案件若干问题的规定》司法解释出台，进一步明确了人民检察院在海洋自然资源与生态环境公益诉讼中的职能定位。今年1月，新修订海洋环境保护法正式施行，更加明确了检察机关提起海洋公益诉讼的职责，体现了党和国家对检察公益诉讼在海洋自然资源和生态环境保护领域的实践成果的充分肯定，也对检察机关提出了更新更高要求。经过大家的共同努力，检察公益诉讼这一习近平法治思想的原创性成果，已经成为海洋生态文明的重要司法保障力量。

今年年初，最高检公益诉讼检察厅发出工作通知，要求沿海各级检察机关贯彻执行新修订的海洋环境保护法，以高质效检察公益诉讼服务保障海洋强国建设，沿海各省检察机关因地制宜开展了特色鲜明、层次丰富的海洋公益诉讼检察实践。刚才沿海各地公益诉讼检察部门负责人汇报了贯彻执行新修订海洋环境保护法、深化海洋公益诉讼检察的情况。结合我们前期调研掌握的情况来看，当前海洋公益诉讼检察主要呈现下列特点：

一是办案领域不断拓展，案件类型结构持续优化。海洋公益诉讼起步阶段，案件办理主要集中在陆源污染防控和近岸近海开发管控的监督上，对于海上污染防控、海洋生态保护与修复的监督上展开不足，案件类型结构呈现刑事附带民事公益诉讼占比过大，行政公益诉讼起诉案件占比偏低的情况。随着案件办理深入，沿海检察机关坚持陆海统筹，综合治理，减少陆源污染物排放，整治入海河流水质；打击非法捕捞、非法采砂等破坏海洋自然资源行为；加强珍贵海洋物种保护，维护海洋生态系统平衡和物种多样性；践行恢复性司法理念，多元探索受损海洋自然资源、生态环境修复治理，保护海洋文化遗产，促进海洋经济发展，拓展了办案领域，丰富了海洋公益诉讼检察实践。沿海各地检察机关敢于以“诉”的确认体现司法价值引领，以诉的形式督促行政机关依法履职，对损害海洋自然资源和生态环境的违法行为人追责，民事公益诉讼、行政公益诉讼起诉案件占比逐渐增加。去年年底，最高检和最高法联合发布了一批海洋自然资源与生态环境保护典型案例，全部为诉讼案例，充分彰显了检察机关加强海洋保护工作的明确思路、精准举措和坚定决心，也体现了海洋公益诉讼检察案件类型结构的不断发展和持续优化。

二是工作机制不断创新，协同化水平不断提升。海洋的连通性、流动性、开放性，决定了海洋自然资源与生态环境问题不以行政区划为界，需要跨区域、跨部门加强协同保护。近年来，沿海各地检察机关坚持系统思维，通过加强协作积极构建保护大格局。如广东深圳检察机关牵头联合广东、广西、海南3省区10地市检察机关建立红树林湿地保护检察联盟，广东珠海检察机关联合福建、广西、海南3省区20地市成立白海豚保护检察联盟，拓展海洋生物多样性保护朋友圈；福建创新“检察行政并联”协同治理模式，与省自然资源厅、生态环境厅等7家单位出台协作配合意见；天津、河北两地检察机关建立加强跨区域协作，建立一体化联防联控机制，搭建与行政机关互通沟通平台，在防治外来物种互花米草入侵，守护渤海湾自然资源和生态环境上取得明显成果；辽宁探索诉救协同和跨区域协作，强化涉海濒危野生动物保护；近期山东青岛、浙江舟山检察机关与青岛海事法院、宁波海事法院建立海洋自然资源与生态环境保护跨区域协作机制，进一步推动司法审判和检察监督衔接，加强海洋自然资源与生态环境司法保护力度。

三是大数据法律模型监督与数字检察作用充分凸显。各地在办案中主动破局，注重运用卫星遥感、大数据、海洋技术实验室等现代科技手段，通过对接海洋行政执法、海事、海警部门信息平台，畅通线索发现渠道。建设海洋检察公益诉讼指挥中心，大力发展数字检察，通过数字建模、数据比对分析增加线索发现、分析能力，完善“空、天、地、网”一体化技术支撑平台，为海洋公益诉讼注入科技动力。

四是海洋自然资源、生态环境修复治理工作取得明显成效。在海洋公益诉讼案件办理中，沿海各地检察机关深入践行恢复性司法理念。上海、江苏、浙江等地突出“江海共治”“检海行动”，深入有效推进海洋生态系统保护。各地不断探索并丰富海洋环境侵权损害赔偿方式，开展了增殖放流、碳汇认购、劳务代偿等海洋自然资源、生态环境替代性修复方式，有效推动公益诉讼判决实质生效，实现政治效果、社会效果和法律效果的统一；加强与行政机关、科研机构协作，在评估鉴定、修复方案制定上寻求专业支撑，积极推动海洋自然资源、生态环境损害评估、生态治理及治理效果评价等各项标准建立完善。

但同时，我们也要清醒认识到，海洋公益诉讼检察工作在进一步深化发展上也面临问题与挑战：一是地区发展不平衡，案件质量还需要进一步提升。有的地区办案数量、规模、类型、成效等与其他地区相比还有较大差距，有的案件行政机关实际整改效果不理想但跟踪监督力度不够；办理的小案、浅层次案件较多，典型性、警示性、影响性不足，远未达到“办理一案，治理一片”的效果，与通过办案推动解决一个领域、一个方面、一个时期的海洋环境治理要求还有较大差距。二是海洋监管部门职责交叉，被监督主体职责判断存在现实难点。生态环境、自然资源、交通运输、海警、林草、渔业等多家行政机关对海洋自然资源和生态环境保护负有监管职责，职责交叉给行政公益诉讼中被监督主体职责判断带来难度，同时，海洋类公益侵害中普遍存在多个违法行为并存的情形，给检察机关精准辨识被监督主体能力带来考验。三是海洋环境更为复杂，公益损害隐蔽，调查鉴定难度大。海洋环境的开放性和变化性很强，造成海洋自然资源和生态环境破坏的原因也十分复杂，海上线索发现、勘验取证、案件调查的难度明显高于陆地，存在线索发现难的问题。同时也面临海洋自然资源与生态环境专业鉴定机构少、鉴定标准不统一，鉴定难、鉴定贵问题。

当前海洋公益诉讼检察的框架已经形成，正处在深化、发展的重要时期，面对建设海洋强国的战略任务，我对高质效办理海洋公益诉讼案件提几点要求：

1. 深刻认识到检察公益诉讼履职服务保障海洋强国建设极端重要性

伟大复兴，向海图强。沿海各地检察机关要提高政治站位，牢记使命担当，认真学习习近平总书记对海洋保护的系列重要讲话要求，充分认识做好海洋保护检察公益诉讼工作的极端重要性，认真履行新修订的海洋环境保护法赋予检察机关提起海洋公益诉讼的职责，对照建设海洋强国的目标要求和人民群众对海洋自然资源与生态环境保护的新期待、新需求，努力以更高质量检察履职完善发展海洋自然资源与生态环境保护公益诉讼体系和中国特色检察公益诉讼制度，服务保障海洋强国建设。

2. 在海洋公益诉讼检察履职中加大办案力度，突出高质效要求

当前处于专门推进检察公益诉讼立法的关键时期和海洋公益诉讼检察的深化时期，沿海各省检察机关要处理好案件数量与质量的关系，保持案件数量适度平稳，丰富海洋公益诉讼检察办案实践，力争办出一批高质效海洋公益诉讼检察案件，为检察公益诉讼立法积累经验，以高质效办案助推高质量立法。年底在新修订的海洋保护法颁布一周年之际，还将举办专题座谈会，发布一批典型案例，以展示这一年来的工作成绩。

3. 因地制宜找准海洋公益诉讼办案切口，推进海洋自然资源和生态环境综合保护

我国拥有广阔海域，渤海、黄海、东海、南海四大海系衍生出丰富的海岸线、多样的生态系统、不同的海洋文化和别具特色的海洋经济形态，沿海各省在保护海洋自然资源和生态环境、海洋经济发展中面临的发展优势与突出问题也不尽相同。今年 1 月，最高检发出工作通知要求，明确了保护海洋生态环境、守护海洋自然资源、护航海洋

经济高质量发展的海洋公益诉讼检察工作重点。通知发出以来，沿海各地检察机关针对各地海洋保护突出问题，结合前期办案过程中发现的难点、堵点，开展各具特色的工作。接下来沿海各地检察机关要继续发挥公益诉讼治理效能，开展调研，深入发掘富有地方特色的海洋公益诉讼检察切入点、突破点、增长点，以发掘地区“小切口”为抓手，助力海洋综合保护。

4. 加强协作配合，发挥海洋自然资源和生态环境领域司法、行政协同作用

沿海各级检察机关要充分发挥检察公益诉讼督促、协同作用，厘清部门职责，督促监管主体依法履职，推进海洋环境监督管理能力建设。通过建立协作机制，畅通与行使海洋环境监督管理权部门之间线索通报、信息共享渠道，积极寻求调查取证、鉴定评估等方面专业咨询和技术支持。加强与审判机关沟通交流，探索海洋自然资源与生态修复的科学方法，推动海洋公益诉讼裁判实质生效，搭建海洋自然资源与生态环境保护的司法治理完整链条。

同志们，深化海洋公益诉讼检察是检察机关服务保障海洋强国战略的职责所在和时代担当。道阻且长，行则将至。站在专门推进检察公益诉讼立法、深化海洋公益诉讼检察的关键节点上，沿海各地检察机关要奋力开拓，固本兴新，以更高质效的检察履职水平让海更蓝、滩更净、岸更绿、湾更美，谱写海洋公益诉讼检察新篇章。

本期聚焦

——检察机关服务保障长江经济带高质量发展研讨会

BENQI JUJIAO

检察机关服务保障长江经济带高质量发展工作情况

近年来，全国检察机关坚持以习近平新时代中国特色社会主义思想为指导，认真贯彻落实习近平总书记关于推进长江经济带发展重要讲话和重要指示批示精神，坚持生态优先、绿色发展的战略定位，深入贯彻实施长江保护法，聚焦长江生态环境突出问题，以高质效检察履职服务保障长江经济带高质量发展。

一、服务生态优先绿色发展

检察机关坚持共抓大保护、不搞大开发，以“高质效办好每一个案件”的价值追求加大司法保护力度。2023 年 1 月至 2024 年 3 月，长江经济带 11 省（市）检察机关对破坏生态环境资源犯罪案件批准逮捕 3800 余人，提起公诉 1.9 万余人，办理生态环境和资源保护公益诉讼 3.9 万余件，服务深入打好长江保护修复攻坚战。

（一）持续强化重点领域污染治理

坚决落实党中央关于深入打好污染防治攻坚战的决策部署，聚焦城镇污水、化工、农业面源、船舶、尾矿库等重点领域问题，加大办案力度。最高检联合公安部、生态环境部连续 5 年开展严厉打击危险废物环境违法犯罪专项行动，对 8 件涉废铝灰污染环境案件和 11 件重点排污单位自动监测数据弄虚作假污染环境案件挂牌督办。某废铝加工点将熔炼中产生的大量铝灰交由无资质人员非法转运、倾倒、填埋，浙江检察机关以污染环境罪起诉 18 人，追回经济损失 1800 余万元，并推动当地建起危险废物集中处置中心。深入开展为期 3 年的“公益诉讼守护美好生活”专项监督活动，针对违法向水体排放污染物、违规处置固体废物、破坏野生动物资源、违法产生和排放尾矿等问题，集中力量办理一批有影响的案件，增强人民群众获得感。最高检直接对长江干支流船舶污染治理问题以公益诉讼立案，沿江检察机关同步办理关联案件602件，有效推动多部门协同、全流域联动治理。湖南检察机关开展花垣县“锰三角”矿业污染综合整治专项工作，监督支持当地行政机关开展生态环境损害赔偿，促使污染企业承担生态环境损害赔偿费用3800余万元。最高检持续把长江经济带生态环境警示片的问题线索作为检察监督重点，连续5年下发通知，部署各级检察机关协同推进问题整改。2023年最高检对2022年警示片所涉10起公益诉讼重大案件挂牌督办，指导长江经济带检察机关办理相关公益诉讼240余件，推动解决一批生态破坏和环境污染重难点问题。针对警示片反映的两家公司非法占用林地问题，贵州省遵义市检察院依法提起民事公益诉讼，追偿生态修复期间服务功能损失费用850万余元。

（二）加强生物多样性保护

最高检坚定不移推进长江“十年禁渔”，会同公安部、农业农村部、市场监管总局等9部门专项整治长江流域非法捕捞问题，2023年1月至2024年3月，长江经济带检察机关起诉非法捕捞水产品犯罪3100余件5900余人。最高检发布6件依法惩治非法捕捞水产品犯罪典型案例，以案释法助力长江十年禁渔。联合最高人民法院、海关总署开展为期1年的依法惩治非法引进外来入侵物种犯罪行动，坚决防范外来物种通过长江口岸跨境入侵。2023年1月至2024年3月，长江经济带检察机关立案办理野生动物保护公益诉讼1700余件，督促整治非法引进、释放、丢弃外来入侵物种等违法行为。浙江省淳安县检察院针对外来入侵物种豹纹脂身鲶非法养殖发生外逸，威胁特别生态功能区鱼类生物资源多样性的问题，督促相关行政主管部门和属地政府及时采取应急处置措施，防止外来物种入侵危害性扩散。

（三）保障长江流域自然资源安全

最高检会同公安部、交通运输部等6部门联合开展长江河道非法采砂专项打击整治行动，维护长江河道采砂管理秩序。2023年1月至2024年3月，长江经济带检察机关起诉非法采矿犯罪1480余件3800余人。赵某强、辛某宝在大熊猫国家公园核心区内盗采矿产资源、破坏野生动物栖息地和植被，西昌铁路运输检察院依法起诉，维护国家公园矿产资源和生态安全。最高检向安徽、湖北、湖南等地检察机关集中交办一批非法采砂公益诉讼案件线索。湖北检察机关办理长江支流隽水河崇阳县肖岭乡段河道非法采砂案，推动清理沿岸砂石堆料场并完成补植。强化长江经济带耕地数量、质量、生态“三位一体”保护。2023年8月至2024年4月，最高检联合农业农村部开展检察公益诉讼助力高标准农田建设专项工作，长江经济带检察机关立案办理相关公益诉讼1400余件，督促查处选址不合规的高标准农田2.4万余亩，追缴不合用途的建设资金5600万余元，助力沿江省份扛牢粮食安全责任。加强长江流域湿地保护，助推山水林田湖草整体保护、系统修复、综合治理。江西省检察院立案办理鄱阳湖湿地保护公益诉讼专案，沿湖三市检察机关办理关联公益诉讼190余件，以法治力量守护“长江之肾”。湖南省益阳市检察机关开展洞庭湖湿地保护专项行动，2023年办理相关公益诉讼110余件，力保“一湖清水入长江”。

（四）助力产业转型升级

最高检部署开展“检察护企”专项行动，加强对各类经营主体依法平等保护，营造法治化营商环境，服务长江经济带塑造发展新动能新优势。贵州省检察院结合“检察护企”专项行动和全省“富矿精开”战略部署要求，部署开展服务保障“富矿精开”专项工作，在矿产领域涉法涉诉、矿业生产安全、矿区生态环境三个方面加强检察履职，促进企业合法权益维护、资源安全开发、生态环境保护协同并进。既严格落实“用最严格制度最严密法治保护生态环境”要求，又引导企业绿色转型，助推减污降碳协同增效。湖北省检察院汉江分院办理报废机动车回收拆解行业整治行政公益诉讼案，督促行政机关依法查处违规处置危废、污染环境问题的同时，引导78家经营户搬进环评达标且具备汽车拆解资质和有条件的某公司场地经营。原作业场地被污染的土壤得到无害化处理，遗留的2500余吨固体废物被垃圾焚烧站处置用于发电。最高检制发知识产权案件工作指引，出台45条检察举措，推动沿江11个省级检察院均设立知识产权检察部门，助力长江经济带创新驱动发展。上海市检察机关办理张某等人侵犯商业秘密案，准确认定非法获取企业芯片技术用于设计和生产同类芯片的违法行为，依法打击侵犯核心技术知识产权犯罪。

二、提升检察履职效果

检察机关加强工作机制建设，积极探索专业化生态修复方式，发挥技术对办案的支持作用，为长江经济带高质量发展提供更强检察保障。

（一）健全依法履职机制

最高检和省级院加强对长江经济带重大生态环境和资源保护案件的统筹协调，完善交办、督办、提办制度，深化上下一体化办案模式。最高检针对长江经济带养殖污染、堤防隐患、文物保护不力等问题线索，集中转交江西、湖北、湖南、重庆、四川、贵州等地检察机关办理，共立案相关公益诉讼190余件。贵州省检察院立案办理赤水河流域生态环境治理案，省市县三级检察院一体化办案，推动解决一批赤水河流域违法取水、违法排污等问题。坚持“四大检察”综合履职，实现全方位司法保护。重庆市检察机关深化推进长江生态检察官制度，2023年依托该制度起诉破坏环境资源类犯罪案件450余件，同比上升近15%；办理涉环境资源民事行政监督案件同比增长8倍；办理公益诉讼1000余件，综合履职成效逐步彰显。坚持依法履职，将办案工作与促进源头治理有机结合，防止就案办案、机械司法。长江支流嘉陵江一级支流涪江沿岸的洪水沉积砂资源被非法大量侵占，重庆市检察院第一分院决定行政公益诉讼立案，督察行政机关对洪灾损毁土地及时采取保护措施，同时推动相关职能部门建立自然资源资产管理补位机制、洪水沉积砂管理制度，国有自然资源得到更充分保护。

（二）探索多元化生态修复方式

落实“把修复长江生态环境摆在压倒性位置”要求，探索适用损害赔偿、增殖放流、补植复绿、异地修复、劳务代偿、碳汇认购、技改抵扣等方式，最大限度修复生态环境。最高检与最高法联合发布《关于办理环境污染刑事案件适用法律若干问题的解释》，落实宽严相济刑事政策，明确将认罪认罚、修复生态环境等因素作为从宽情节，一体推进治罪与治理。上海铁路运输检察院在办理一起污染环境案中，创新生态环境赔偿保证金制度，通过适用认罪认罚从宽制度督促涉案人员诉前签订生态修复协议，并依据损害评估报告足额缴纳保证金400万余元，实现犯罪惩治与生态修复同向而行。上海青浦、江苏吴江、浙江嘉善三地检察机关及生态环境部门共建“最江南”公益诉讼实践创新基地暨联合生态修复基地，合力织牢生态守护网。探索“诉放分离”“罚救分离”办案模式，将恢复性司法理念贯穿办案全流程。四川省检察院联合省法院、公安厅、林草局等部门印发《四川省环境资源刑事案件中涉案野生动物及其制品处置的实施意见》，确保诉讼顺利进行的同时，将野生动物活体及时放归自然。

（三）完善技术支持机制

深化现代科技运用，拓展卫星遥感技术、大数据信息平台、无人机、快速检测技术在办案中的应用场景，研发推广一批有成效、可复制的大数据法律监督模型。上海市检察院开发“沪渔一网通”长江流域非法捕捞水产品案件大数据法律监督模型，打通行政、公安、检察三方数据共享通道，实现以数字检察监督促进社会治理的良好效果。四川检察机关研发的违法抽取地下水法律监督模型，发现违法线索350余条，立案办理公益诉讼160余件，督促行政机关责令200余家企业停止违法取水行为，为城乡地下水筑起屏障。持续推动解决“鉴定难”问题。最高检加强与司法部沟通协调，推动将不预先收费环境损害鉴定机构由58家增加至141家，覆盖长江经济带11省（市）。全国检察机关建成快速检测实验室500余家，基本实现长江经济带市级检察院全覆盖。深化行政机关专业人员兼任检察官助理制度，邀请自然资源、生态环境、水利等部门业务骨干参与案件讨论；建立公益诉讼技术专家库，已收录专家830余名，为沿江检察机关办案提供“外脑”支持。

三、凝聚协同共治合力

检察机关深化多方协同，增强区域执法司法联动性，打好协同保护组合拳，推动实现长江流域生态环境保护“齐抓共管”。

（一）加强跨部门合作衔接

深化落实生态环境部、公安部、最高检《环境保护行政执法与刑事司法衔接工作办法》，完善线索通报、案件移送、资源共享等机制，对破坏环境资源违法犯罪行为全方位打击、全链条发力、全过程监督。联合最高人民法院、生态环境部、公安部、市场监管总局指导地方深入开展第三方环保服务机构弄虚作假专项整治，推动解决涉案虚假环评文件的行政认定等行刑衔接难题。江西省检察院与省公安厅、自然资源厅联合印发自然资源领域行政执法与刑事司法衔接工作实施办法，形成惩治破坏自然资源违法犯罪工作合力。最高检与水利部、国家林草局共建行政执法与检察公益诉讼协作机制，推广“河（湖）长 + 检察长”工作机制，携手抓实江河湖库、林草湿荒保护治理。会同自然资源部推动省级层面自然资源行政执法与行政检察衔接机制全覆盖。湖北省检察机关联合省发改委、省生态环境厅等 14 家省直单位会签长江保护修复攻坚战三年实施方案，联合省经信厅、省自然资源厅等 17 家省直单位会签做好生态环境保护工作的实施意见。上海、江苏、浙江、江西、贵州等省（市）检察院建立生态环境损害赔偿与检察公益诉讼衔接工作机制，着力解决信息共享不及时、线索移送不畅、程序衔接不规范等问题。

（二）优化跨区域保护协作机制

针对长江流域“上下游不同行、左右岸不同步”等流域治理难题，最高检深化落实《关于长江经济带检察机关办理长江流域生态环境资源案件加强协作配合的意见》，推动沿江检察机关建立长江流域省界断面跨区划管辖行政公益诉讼协作机制。南通崇川、武汉江汉、宜昌葛洲坝、重庆喻中检察机关和对口管辖的长江航运公安机关共同会签《关于建立长江干线刑事司法协作机制的倡议书》，搭建跨省跨区域刑事司法协作平台。上海、江苏、浙江、安徽等 4 省（市）检察院会签《关于长三角地区检察机关行政违法行为监督跨区域协作的意见》。针对 117.9 吨工业废水被倾倒至太浦河导致的一级饮用水保护区污染物超标问题，上海市青浦区检察院和江苏省苏州市吴江区检察院依托协作机制联合办案，共同调查取证，统一鉴定标准和办案尺度，推进太浦河流域上下游一体修复、左右岸协同治理。

（三）持续扩大公众参与

深化落实代表建议、政协提案与公益诉讼检察建议衔接转化工作机制，把建议、提案反映的长江保护问题转化为公益诉讼案件线索。安徽省砀山县检察院对关于整治农药包装废弃物的政协提案以案件化办理，推动解决农药包装废弃物回收问题。最高检积极支持配合各民主党派中央、无党派人士开展长江生态环境保护专项民主监督，在2023年的民主监督成果会商会上通报长江生态环境保护检察工作进展和长江生态环境保护民主监督与检察协同情况。与中央统战部和各民主党派中央共建“益心为公”志愿者检察云平台，依靠公众力量发现和解决公益损害问题。目前，全国检察机关共招募“益心为公”志愿者11万余人，志愿者通过平台提报并推送至检察办案系统的高质量线索共1万余条。加强长江流域生态环境保护和绿色发展的宣传教育。最高检和中央广播电视总台联合制作五集纪录片《捍卫公益之诉》，在《今日说法》栏目特别报道守护长三角生态区等公益诉讼检察履职情况，助力凝聚“长江大保护”的社会共识。云南省西双版纳州检察机关以办理非法采挖石斛案件为契机，联合州公安局、州林草局在野象谷景区建立“西双版纳生物多样性保护法治教育科普基地”。

办好毁林占地案
以公益诉讼助力长三角一体化绿色发展

上海市人民检察院

近年来，上海检察机关认真贯彻落实习近平生态文明思想和习近平总书记关于长江大保护的系列重要讲话精神，根据最高检关于服务保障长江经济带高质量发展的工作部署，持续加大生态环境领域公益诉讼办案力度。2023 年以来，全市共立案办理涉生态环境、生物多样性等环资类公益诉讼案件 2131 件，占公益诉讼办案数的 49.8%。其中，上海市院牵头市检三分院和青浦区院办理的茂烨公司等毁林占地公益诉讼案，是较有代表性的案件。该案系近年来上海地区规模最大的毁林案件，对苏州河防护林涵养水土、保持生态造成了严重影响。上海市院启动一体化机制，成立了由三级院共同参与的专案组，提前介入与刑事案件同步开展调查。在全面查明事实的基础上，不仅追究了刑事责任人的赔偿责任，还通过深入研判，将负有公益林养护义务的发包方、转包方以及相关渣土运输处置企业作为民事公益诉讼的被告，诉请其承担连带责任，全部诉请获法院支持。在办理个案的基础上，上海市院组织在全市开展了占地毁林公益诉讼专项监督行动，办理案件 206 件，运用大数据法律监督模型，推动社会治理。

一、提升办案要件思维，强化公益诉讼“可诉性”

在办理专案的过程中，上海检察机关坚持“以诉的确认体现司法价值引领”的理念，努力提升办案要件思维，构建环资领域民事公益诉讼的“精准化”办案范例。

（一）精准固定侵权事实

固定侵权事实是办理民事公益诉讼案件的关键。在本案办理过程中，检察机关通过全方位的调查，准确梳理本案中侵权主体未履行养护责任和违法填埋渣土这两条主线。一是通过调查询问、查阅书证、调取天气水文记录等方式，查明了本案台风过境期间，养护责任方在具备防护和施救条件的情况下，怠于履行养护义务造成部分林木死亡的事实。二是通过调取渣土运输合同、微信聊天记录、转账记录等查明违法填埋渣土 8 万余方导致公益林地、林木大面积损害的事实。

（二）精准锁定侵权主体

精准确定侵权主体、全面追究相关责任方的民事责任是办理本案的一个亮点。在本案办理过程中，检察机关不仅追究了直接行为人的赔偿责任，还追究了具有养护义务而怠于养护、监管的发包方、转包方的不作为侵权责任，同时溯源追究了渣土处置运输企业的责任，并查明了各自的倾倒量以合理分配赔偿份额，做到精准起诉。

（三）精准提出诉讼请求

精准提出诉讼请求是发挥民事公益诉讼修复受损公益作用的前提。本案中，检察机关通过司法鉴定、申请具有专门知识的人员参与办案等方式，对公益损害进行了精准量化。如在确定树木死亡数量时，通过调取当年当地保险理赔记录，合理扣除因自然原因造成的正常损失，体现了客观公正原则。根据鉴定，检察机关诉请承担土壤、林木生态服务功能损害费用共计 2156 万余元，并对直接责任人提出上海市首起生态环境惩罚性赔偿。

二、强化办案规范意识，推动公益得到有效保护

规范办案是高质效办案的基础，在办理本案过程中，检察机关在立

案、调查、公告、出庭等各个环节注重办案的规范性，提升案件办理规范性水平。

（一）充分发挥“侦查＋调查”作用

为提升办案的效率、效果，该案办理过程中与刑事检察部门同步立案，并协调公安机关，同步开展刑事侦查和公益诉讼调查活动。包括强化公益诉讼检察部门与刑事检察部门的工作协作，定期召开碰头会，及时沟通细节问题，保持案件的同步协调；另外，依托侦查协作机制，积极引导公安机关侦查，围绕民事侵权责任认定等方面的证据要求，商请公安机关协同调查，配合固定证据。

（二）充分用好技术调查手段

为提升办案质量，检察机关充分运用各类技术调查手段，确保事实清楚、证据可靠。比如，通过空天院出具的《监测分析报告》及上海市测绘院提供的卫星航拍照片，证明涉案林地损毁的时间、范围、动态等情况；通过委托司法鉴定和专家论证，对非法毁林占地造成的生态损失以及修复方案进行准确评估；通过申请鉴定人和专家出庭，对司法鉴定意见和修复方案合理性进行释明，提升了庭审效果。

（二）将规范标准贯穿办案全过程

检察机关在诉前制定调查方案、规范开展调查，并依法履行公告程序。诉中严格按照法定程序出庭应诉，认真准备庭审预案，开展模拟演练，在庭审过程中进行了有力的质证和辩论；诉后继续跟进案件的执行，协调绿化与市容部门、当地政府、法院稳步推进修复工作。同时，认真落实“三同步”的办案要求和办理重特大案件的规范，及时将办案情况上报。

三、注重提升办案实效性，发挥“以一案带一片”的作用

上海检察机关在办案中深入调研，预判随着城市更新推进，固废处置必然成为超大城市生态治理的一个突出矛盾，因此，发挥检察一体化优势，启动专项行动，扩大办案实效，积极助力“无废城市”建设。

（一）延伸三级院一体化办案效果

上海市院发挥统筹协调、规划指挥作用，针对固废来源分散、渣土运输企业分属不同辖区等问题，制定调查方案，统一调配全市检察力量，带队走访调研，推动源头治理，提升办案实效性，并充分发挥分院的诉讼主导作用和基层院的“府检联动”作用。在办理民事公益诉讼同时，针对案件中暴露的行政管理问题，检察机关向有关部门提出了一系列意见建议，延伸了一体化办案的效果。

（二）通过部署专项行动扩大办案影响

专案办理过程中，上海市院在全市范围同步部署《关于持续深化占地毁林（绿）领域公益诉讼专项监督行动》，2023年以来全市办理占地毁林行政公益诉讼188件，民事公益诉讼18件，推动林地、绿地、耕地保护29万余平方米，形成了办案的规模效应。另外，检察机关还通过大数据赋能，研发固废违法倾倒大数据法律监督模型，增强案件线索发现能力，依托模型办理固废案件30件，追缴生态环境损害赔偿4300万余元，督促清运固废57万余吨。

（三）通过发挥公益诉讼协同之诉的作用形成治理合力

针对固废违法处置频发情况，上海市院结合最高检交办“长三角跨区废弃物处置”案件，带队走访住建、交通、绿容、公安、生态环境部门，调研固废运输监管漏洞，梳理出固废在产出、运输、消纳环

节中存在的监管堵点、难点问题，助力职能部门建立“源头控制—过程减量—高质循环—精准管控”闭环链条。同时，发挥公益诉讼协同之诉作用，与行政机关互相支持开展生态环境损害赔偿工作，形成固废处置治理合力。

高质效办好公益诉讼专案
积极服务长江经济带高水平生态环境保护

江苏省人民检察院

近年来，在最高检和江苏省委的坚强领导下，江苏省检察机关深入贯彻落实习近平总书记关于长江经济带高质量发展的重要指示精神，积极开展江河湖海公益保护专项行动，持续健全跨流域一体化协作机制，全面实施重大案件三级把关制度，55件涉长江经济带案件入选最高检指导性案例和典型案例。现就江苏省院办理的长江岸线生态环境保护公益诉讼案件汇报如下。

一、基本案情

2022年3月，中央第二生态环境保护督察组对江苏省开展督察发现：镇江市长江干流岸线生态破坏和污染问题较为突出。随后，中央生态环境保护督察办公室将问题线索移送最高检。同年6月，最高检将该线索交江苏省院并挂牌督办。经初步调查发现，督察指出的问题涵盖镇江全域，不仅包括非法倾倒填埋固废、偷排乱排工业污水，还包括违法建筑非法侵占岸线、影响行洪安全等；除环保督察反馈问题之外，镇江市还存在长江支流养殖尾水非法排放等污染环境问题。同时，长江江苏段其他区域岸线也不同程度存在以上问题。为实现长江岸线生态环境系统性保护，江苏省院决定直接立案办理，采取省院统筹主办，相关市区县院同步办理关联案件的“1+N”办案模式。目前，案件已办理终结，共立案238件。

二、主要做法

收到最高检交办通知后，江苏省院党组高度重视，第一时间向省委报告，指派分管副检察长担任主办检察官；制定了专案工作方案，明确了3项办案目标和8项办案重点，出台专案请示、备案工作规定，编发工作简报8期，召开专题会议15次，统筹全案办理进度。具体做法是：

（一）直面岸线治理“硬骨头”

一是综合履职解决固废倾倒江滩问题。聚焦冲滩拆船、非法堆放危废等污染江滩、破坏岸线生态问题，综合履行检察职能，办理相关案件52件，推动清运危险废物、固体废物14万余吨。江苏复兴船舶公司冲滩拆船污染江滩，江苏省院逐级交基层院办理，并启动一体化办案机制，在追究违法行为人刑事责任的同时，提起附带民事公益诉讼。因行为人被刑事羁押，案涉现场1350余吨固体废物未能及时清理，检察机关又启动行政公益诉讼，督促行政机关依法代履行，及时修复岸线生态。二是上下一体解决非法排污入江问题。积极参与督察反馈长江干流企业偷排、乱排问题治理，江苏省院以交办、指定管辖等方式交基层院以民事公益诉讼立案，追究排污者生态环境损害赔偿责任。支流岸线25家养殖企业尾水直排，江苏省院指导支流属地检察院同步立案，办理衍生案件24件，实现长江干支流一体保护。三是统筹协调解决非法占用岸线问题。协同流域机构与属地政府及其职能部门形成工作合力，办理关联案件22件，推动拆除违章建筑约18万平方米。某供电公司新建跨湖输电工程后，未按批复要求及时拆除占用太湖近岸湿地的旧线路基座，影响湿地功能、妨害行洪安全。水利部太湖流域管理局多次执法未能有效解决，主动向检察机关移送线索。三级检察院分层监督，推动违法建筑拆除，共护太湖安澜。

（二）积极借力借智

一是加强执法司法协作。江苏省院与省督改办建立了日常联络机制，全程跟踪整改进展、掌握问题销号情况；与省生态环境厅、省水利厅加强协作，对重点问题联合督导4次；与镇江市政府及其5家县级政府、8家市级行政机关召开圆桌会议2次。严格执行生态环境损害赔偿制度，支持行政机关索赔1700余万元。二是聚合志愿者力量。与民主党派共推“益心为公”志愿者检察云平台建设，邀请74名志愿者参与案件办理，提供智慧支持。在一起案件办理中，志愿者协助检察机关审查鉴定意见，指出鉴定意见遗漏废机油渗透污染江滩土壤、露天喷漆污染大气等专业建议，起诉追加土壤、大气污染生态环境损害赔偿45万余元。三是强化数字赋能。注重借助数字检察技术，提升办案质效。通过共享江苏海事局“船E行”监管数据，借助区块链技术构建法律监督模型，智能发现船舶洗舱水、油污水不规范处置等问题1.4万余条。

（三）注重“三个效果”统一

一是做实恢复性司法。追偿生态环境损害赔偿金3800余万元，采取损害赔偿、补植复绿、异地修复、劳务代偿等方式，督促做好岸线生态修复工作。与行政机关、审判机关会签协作机制，规范生态环境损害赔偿金使用，在污染原址建成79亩长江水生态资源司法修复基地。二是保障企业发展。因案施策，慎重选择办案时机和方式，尽可能减少对企业正常生产经营活动的影响。有两家船舶公司使用工业固废填占江滩，被纳入搬迁整治范围，但搬迁进展迟缓。在了解到企业有配合意愿，但尚有尾单需要处理的情况后，检察机关既支持行政机关开展生态环境损害赔偿磋商，索赔52万余元；又针对企业合理诉求，建议给予了一定周转时间，并帮助异地选址。企业主动如期搬迁。三是促进社会治理。召开公开听证会，邀请沿江企业和群众代表参加，把监督办案转化为生动的普法实践。针对办案中发现的系统性、区域性、行业性问题，江苏省院向省委报送专题报告，提出5项具体工作建议；市县区检察院制发社会治理检察建议15份，推动完善长效工作机制17项。

三、办案体会

一是要增强政治自觉。深刻领会习近平生态文明思想和习近平总书记对长江经济带高质量发展的重要指示精神，坚持从政治上着眼、从法治上着力，把依法办理长江岸线生态环境保护公益诉讼案件作为坚定拥护“两个确立”、坚决做到“两个维护”的检察实践。

二是要找准履职切入点。对中央生态环境保护督察通报问题的整改，党委政府普遍重视程度高、责任压得实、推进力度大。检察机关在办理这类案件时，应当在属地党委有力领导、督改办统筹协调下精准履职，发挥好支持补位作用，切实做到到位不越位、帮忙不添乱。

三是要发挥检察职能优势。检察机关既要发挥上下一体、左右协同优势，解决岸线生态环境上下游、左右岸、干支流同步治理难题；还要综合运用刑事检察、民事检察、行政检察、公益诉讼检察等职能，解决岸线污染刑事犯罪、民事侵权、行政违法、公益损害交织难题。

四是要注重系统治理。长江岸线生态保护是系统工程，问题点多、易反复。检察机关应当尊重行政保护第一顺位，聚合行政机关、“益心为公”志愿者等多种力量，携手“共抓大保护”。

下步，江苏检察机关将认真贯彻落实本次研讨会精神特别是应勇检察长讲话要求，持续强化履职担当，深化实践“高质效办好每一个案件”的基本价值追求，为守护“一江碧水向东流”贡献更实检察力量！

以危废治理数字检察专项办案为抓手 助力长江经济带高质量发展

浙江省人民检察院

浙江作为习近平生态文明思想的重要萌发地和率先实践地，肩负着生态文明建设先行示范的重大使命。聚焦长江经济带高质量发展，浙江在全国率先推进省域层面“无废城市”建设，助力打好污染防治攻坚战。浙江省院紧扣省委省政府中心大局，找准危险废物治理难点痛点问题，以数字赋能公益诉讼监督，有效推动危险废物治理，促进生态优先、绿色发展。2023年以来，浙江省院在全省范围内开展危险废物违规贮存、处置公益诉讼数字检察专项办案，全省共立案办理涉危废公益诉讼案件101件，提出检察建议和开展磋商86件，提起民事公益诉讼8件，督促回收或清理危险废物7820余吨，向污染企业和个人索赔环境损害赔偿金2183万余元，与行政部门建立工作协作机制10个，移送刑检部门立案监督线索23件次，取得了积极成效。其中，督促整治酸洗行业危险废物规范处置公益诉讼案获评最高检典型案例。

一、坚持问题导向，找准服务大局“着力点”

浙江省院从影响长江流域生态环境的固体废物不当存放、非法倾倒处置等问题入手，以危险废物治理为切入口，充分发挥公益诉讼检察职能，推动长江生态环境保护。一是聚焦党委政府关注的重点问题。2023年1月修订施行的《浙江省固体废物污染环境防治条例》新增全域“无废城市”建设、固体废物数字智治等内容，对全省固体废物污染防治工作作出明确法律规范。为保障法规落地落实，浙江省院主动走访省人大环资委、省生态环境厅等部门，了解到危险废物治理已经成为当前“无废城市”建设的突出问题。危险废物来源广泛、成分复杂、涉及领域广、环境风险高，但由于危险废物监管信息系统采取产废单位自主申报制，职能部门往往发现难、监管难，环境风险隐患较为突出。二是聚焦人民群众关心的痛点问题。浙江省小微企业多，现阶段受到危险废物无害化处置能力不足、危险废物收集体系不健全等因素影响，非法转移倾倒危险废物事件呈现高发、频发态势，部分地区因危险废物非法处置造成的环境污染和资源破坏已成为了民心之痛、民生之患。三是聚焦办案实践发现的难点问题。违规贮存、处置危险废物往往方式手段较为隐蔽，污染结果与污染行为之间存在空间距离和时间延迟，难以通过常规途径发现，且案发后追溯难度大，有的甚至形成全链条的灰色产业链，牵涉的利益广泛、人员众多，司法办案以及生态环境治理和修复难度较大。

二、坚持一体推进，探索数字办案“新路径”

浙江省院充分发挥一体化优势，通过组建工作专班，统筹全省专项办案，实现纵向上顺畅贯通、横向上紧密衔接，确保监督效果。一是织密监督办案“一张网”。浙江省院指导杭州、宁波、金华等地检察机关结合当地实际，探索构建涉及不同行业、不同类型的违规处置危险废物类案监督模型。如慈溪市院针对汽车维修企业违规处置危险废物搭建监督模型，比对碰撞发现涉嫌违规处置的汽修企业共计410家。温岭市院针对小微企业回收环节违规处置危险废物搭建监督模型，经数据清洗运算发现问题企业232家。经充分评估成效，浙江省院按照“一域突破、全省共享”原则，将各地较为成熟的汽修行业、酸洗行业、小微产废企业等6个数字监督模型升级为省级模型，覆盖涉及危险废物的各种企业类型，由各地检察机关结合当地实际，在办案中选择适用相应的数字监督模型，有针对性地开展监督。二是建细动态管理“一本账”。为科学有序推进全省数字集中办案，形成“业务指导+技术支撑”的合力，浙江省院将数字监督模型在全省大数据法律监督平台上架，将专案办理纳入浙江数字检察“一本账S3”实行动态管理。各地按照“一月一总结、一月一汇报”的时间节点逐级向上反馈办案情况，省院及时研判，加强对下督导。三是下准统筹推进“一盘棋”。全省构建起以省院为“龙头”、市院为“枢纽”、基层院为“支点”的一体化工作模式，全面推进专案办理。浙江省院及时总结提炼数据碰撞规则，作为办案指引下发，持续加大对下指导力度；组织先行院围绕数字监督模型的使用规则、办案思路为全省公益诉讼干警专题授课；针对复杂疑难案件，点对点下发办案提示，明确案件监督对象、监督重点、调查内容和推进步骤，确保办案效果。如针对金华地区逐年增多的无证印刷企业严重污染环境问题，浙江省院指导金华市金东区院将数字监督模型从涉酸洗工艺企业向无证印刷企业延伸，通过数字建模对数据进行筛选、碰撞，发现包括无证、污染、偷逃税款等问题线索210余条。经进一步核查确认企业的违法情形后，该院向区生态环境局、应急管理局等相关部门制发检察建议，督促依法依规处置，促进生态环境有效治理。

三、坚持实用实效，打好监督治理“组合拳”

浙江省院始终坚持“高质效办好每一个案件”，充分发挥检察公益诉讼治理效能，做实“数字赋能监督，监督促进治理”，不断提升环境治理能力和治理体系的现代化。一是从发现难到办理易的实战转变。浙江省院依托数字赋能，使危险废物治理专项办案实现了从“等案来”到“主动办”的转变，从“事倍功半”到“事半功倍”的跃升，大大提升了检察机关获取线索、监督办案的主动性、精准性。如武义县院通过运用数字监督模型，精准锁定辖区内3家产废企业长期贮存危险废物未及时处置问题，督促生态环境部门依法履职，合法处置危险废物总计31.51吨。二是从办一案到治一片的延伸治理。为从更高层面、更广范围推动源头治理、长效治理，浙江省院以数字专项办案为契机，推动省委全面依法治省办出台《生态环境保护督察与检察公益诉讼衔接机制》，确立线索双向移送和信息共享机制，打通省级层面生态环境保护督察与检察公益诉讼的“信息壁垒”，加强会商研判、办案协作和专项协同等工作，着力解决生态环境保护领域“硬骨头”“老大难”问题。全省各地检察机关结合办案实际，出台相应地方性协作机制。如慈溪市院牵头市生态环境局、市交通运输局等单位联合出台协作机制，推动开展专项整治，市生态环境局累计发现各类问题112处，市交通运输局发现问题69个，立案处罚44起。三是从事后罚到事前防的源头管控。全省检察机关突出检察公益诉讼预防性功能，及时阻止潜在风险，有效实现从“治已病”到“治未病”的最优效果。

锚定大局定方向　破解难题树标杆

——安徽检察机关推动全省船舶污染问题系统治理

安徽省人民检察院

近年来，安徽检察机关深入贯彻落实习近平生态文明思想和习近平总书记考察安徽重要讲话指示精神，聚焦长江大保护，充分发挥公益诉讼检察职能，为守护绿色江淮美好家园提供有力法治保障。2023年，为进一步巩固长江船舶污染治理公益诉讼专案成效，推动全省船舶污染问题系统治理，在充分听取相关行政机关意见的基础上，安徽省院主动延伸长江船舶污染专案触角，对淮河（安徽段）船舶污染问题以事立案。专案办理中，各地共摸排船舶污染问题线索94条，立案82件，制发检察建议67件，制发社会治理类检察建议3件，提起行政公益诉讼1件。通过专案办理，共推动行政机关建立船舶污染物处置机制17项、建立完善信息监控系统78处、处罚违法排污船舶42艘、处置三无船舶85艘、清理非法浮吊船7艘、整改违法码头37座，我省船舶污染问题得到系统性解决。该案被最高检评为“高质效办好每一个公益诉讼案件，更高水平守护人民群众美好生活”典型案例。我们的主要做法是：

一、以“系统抓、高站位、促发展”为导向，坚持为大局服务

一是坚持系统性理念。淮河流域是我国七大水系之一，也是安徽省水面面积最大的流域，淮河生态经济带已于2018年正式上升为国家发展战略。长江与淮河虽然在地理上属于两个流域，但水域相通，且南水北调中线工程江淮运河已经贯通，淮河流域水环境直接影响长江生态环境保护成效。为此，在高质量办理长江船舶污染治理公益诉讼

专案的同时，安徽省院积极延伸办案链条，旨在实现我省船舶污染治理全覆盖，系统性推进大江大河保护。同时，在专案办理中，持续聚焦船舶污染物“船—港—城”“收—接—转—处”全流程，做到全链条系统监督。二是坚持高位推动。安徽省院将淮河船舶污染公益诉讼专案作为服务“国之大者”“皖之要事”的重要抓手，站在助力打赢污染防治攻坚战和皖北振兴战略实施的高度谋划推进。在充分调研的基础上，对淮河流域船舶污染问题以事立案，作为自办案件办理，并安排一名检委会专职委员担任专案组长。沿淮八市两级检察机关同步成立专案组，协同推进专案办理。三是坚持解难题与促发展并重。深入践行“绿水青山就是金山银山”的发展理念，将流域生态环境治理与促进经济社会高质量发展紧密结合，将生态美转化为生产力。专案办理中，检察人员积极走访各航运及码头企业，宣传船舶污染防治法规，指导企业建立污染防治工作机制 12 项，推动企业绿色发展。将污染防治与安全生产相结合，对江淮运河、芜申运河航道安全问题开展监督，推动消除相关航运段安全隐患 17 处，助力打通安徽水运内循环，守护安徽融入长三角的黄金水道。

二、以“一体化、科技化、协同化”为抓手，破解办案难题

一是坚持一体推进。专案采取安徽省院主办、相关市县检察机关同步办理关联案件的“1+N”办案模式，三级检察院上下联动、分层监督、一体化履职。针对专案办理中的区域性、机制性难题，安徽省院总体指挥、统筹协调，以召开调度会、论证会、案情讨论会、现场核查等形式指导督导具体个案办理。如针对 40 余只废弃船舶长期集中停靠在淮河一级支流寿县古城墙北门河段，人畜粪便、生活污水直排淮河，造成周边水域污染、破坏全国重点文物保护单位寿县古城风貌的问题，办案组多次组织现场办案，指导淮南市院向寿县人民政府制

发检察建议，推动寿县人民政府和交通、海事、水利、河道管理、生态环境等部门制定船民上岸、船舶拆解方案，并投入920万元实施岸线整治，存在了十余年的废弃船舶污染问题彻底解决。二是强化科技运用。安徽省院依托集线索收集、办案辅助、远程指挥、管理决策于一体的“智慧公益诉讼平台”，对淮河（安徽段）船舶污染线索统一管理、远程指挥、即时评估，有效提升办案效率。针对专案办理需要的无人机巡查、水、土壤等污染检测、数据比对分析等技术需要，协调技术部门成立技术辅助小组，开展技术取证活动，提高调查取证质效。三是注重府检联动。依托府检联动机制，专案办理前，安徽省院主动走访省交通厅、海事局等部门，听取工作建议，调取淮河（安徽段）通航水域、各类船舶、码头设施流、污染物收集、转运、处置公司信息、遥感问题图斑等资料，明确专案办理方向。专案办理中，充分利用与省水利厅、水利部淮河水利委员会等建立的协作机制开展案件会商研判，邀请专业领域代表委员、特邀检察官助理、“益心为公”志愿者参与案件办理27人次，聚力解决办案难题。

三、以“精准性、规范性、可诉性”为目标，树高质效标杆

一是精准监督。针对淮河船舶污染中涉及的法律问题，安徽省院组织骨干力量进行专门研讨，形成专案指引，指导各地办理。针对涉多部门职能的监管问题，以“最能推动问题解决”的部门为主要监督对象，并通过组织公开听证、联合磋商等形式，帮助行政机关厘清职责、明确分工。安徽省院始终将个案办理、类案研究、综合治理一体推进，精准研判淮河船舶污染监管盲区和治理漏洞，提炼出共性问题，推动综合治理。如针对多地存在的“三无”船舶治理难问题，指导蚌埠市院推动市政府成立蚌埠市“三无”船舶联合认定小组，依法认定

并取缔“三无”船舶23艘。目前安徽省院正推广蚌埠市院模式，推动填补全省“三无”船舶管理漏洞。二是规范办案。严格案件流程管理，通过统一线索管理、统一办案目标、统一办案要求规范办案。严格要求各地对涉船舶污染案件立案、制发检察建议、提起诉讼情况，分别于立案后、检察建议制发后、起诉后2个工作日内报送省检察院，省检察院安排专人审查指导，及时纠偏。明确专案期间针对同类问题监督同一行政机关的，应当作为一个案件立案；同一检察院就专案需向三个以上行政机关制发检察建议的，应逐级报省检察院请示。跨区域案件及时层报省检察院，统一协调办理。强化公开听证，将个案听证与类案论证相结合，将听证意见、论证结果作为结案的重要参考。专案办理期间，三级检察院共举行案件听证会36场，举行论证会3场，保证了案件质量。三是敢诉善诉。针对专案以来制发的67件检察建议，安徽省院在指导各专案分组加大“回头看”跟进监督力度的同时，对重点案件和长期整改不到位的案件由专案组直接“回头看”。针对某县地方海事处对违法排污企业未全面履行监管职责的问题，安徽省院指导该县检察院依法提起行政公益诉讼。案件审理期间，该县地方海事处对案涉企业依法进行行政处罚，指导其对污染物接收处置设施升级改造，重新与垃圾转运和处置公司签订协议；对辖区内港口码头开展全覆盖式执法检查，全面梳理问题并向市交通运输局汇报，促成出台全市船舶污染接收、转运、处置监管联单和联合监管制度，实现全闭环管理。鉴于检察机关诉讼请求已全部实现，秉承双赢多赢共赢理念，该县检察院建议县法院依法终结本案。

下一步，安徽省检察机关将认真贯彻落实此次研讨会精神，继续围绕大江大河保护这篇文章，进一步加大省、市检察院自办案件力度，积极探索制定符合检察工作规律和安徽经济社会发展实际的公益诉讼高质效办案标准，将“高质效办好每一个案件”落到实处，以高质量的检察履职服务保障经济社会高质量发展。

高质效办好鄱阳湖湿地保护专案 以法治之力忠诚守护“长江之肾”

江西省人民检察院

鄱阳湖是我国最大的淡水湖，拥有“丰水一片、枯水一线”的独特湿地景观，是亚洲最大的越冬候鸟栖息地，被誉为“珍禽王国”“候鸟乐园”。鄱阳湖湿地不仅是长江流域的重要生态组成部分，也是维护区域生态平衡和生物多样性的关键区域。针对办案中发现的鄱阳湖湿地违法情形多样、管理主体众多、监管层级不一等问题，江西省院直接以事立案，推动解决跨区划跨流域治理难题，以法治力量忠诚守护“长江之肾”，保障长江经济带高质量发展。

一、坚持高站位推进，以专案办理推动鄱阳湖流域专项治理取得实效

习近平总书记强调，“要坚定不移把保护摆在第一位，尽最大努力保持湿地生态和水环境”，为湿地保护事业指明了方向。2023 年 10 月，总书记考察江西时心系湿地保护，来到上饶市婺源县饶河源国家湿地公园时详细询问素有“鸟中大熊猫”之称的蓝冠噪鹛的保护情况。江西省检察机关牢记习近平总书记的殷殷嘱托，以鄱阳湖湿地保护专案为抓手，助力打造国家生态文明建设高地，推动长江流域生态高水平保护。一是争取人大监督支持。2022 年 7 月，江西省人大常委会审议通过《关于加强检察公益诉讼工作的决定》，同时决定在全省部署开展“公益诉讼江西行”活动，每年确定一个主题，纳入省人大常委会年度监督工作计划，并专题听取和审议活动开展情况。2024 年“公益诉讼江西行”

主题为“守牢生态安全底线”，湿地保护修复列入主题活动监督重点之一。省人大监司委联合省院赴省水利厅、省林业局等单位开展专题调研，相关单位大力支持，同步向省院移送了一批破坏湿地的问题线索。二是强化组织保障。江西省院党组专题研究制定配合开展“守牢生态安全底线”主题活动工作方案，同步部署为期一年的“鄱阳湖流域水生态环境保护”检察公益诉讼专项监督活动，明确要求对破坏河湖湿地等问题开展重点监督。江西省院及时与省林业局召开湿地保护行政执法与检察公益诉讼联动协作推进会，形成会议纪要，高位推动，同向奔赴保护鄱阳湖湿地。三是上下一体联动发力。针对鄱阳湖湿地存在非法倾倒生活垃圾和固体废物、违规建设观光廊道等旅游设施、在封洲禁牧区违规放牧、河道中草洲或河汊有隔离网导致江豚生境受损、在禁渔区非法捕捞等问题线索，江西省院进行集中研判，并于今年4月直接立案，由检察长担任主办检察官，同时下发《鄱阳湖湿地保护公益诉讼专案工作方案》，采用“1+3+N”的办案模式，由省级院检察长担任专案组组长，沿湖的九江、南昌、上饶3个市级院及11个基层院的检察长分别担任专案分组组长，同步跟进，集中调查、分层监督，形成上下一体、同题共答的办案格局。4月底，江西省院检察长以专案组组长身份带领办案组赴九江、上饶等地实地督导推进湿地保护专案工作。

二、紧盯“高质效办好每一个案件”目标，努力提升专案监督工作质效

践行“高质效办好每一个案件”要求，聚焦湿地原真性和完整性保护，加大专案办理力度，提升监督质效。今年以来，沿湖检察机关共摸排涉鄱阳湖湿地保护领域问题线索191条，立案172件，督促回收和清理生产类固体废物3503吨，督促查获收缴非法网具、禁用渔具57件，开展增殖放流活动投放或放流鱼苗141万尾，督促修复湿地及相关水域

面积635亩。一是坚持因地制宜，开展特色监督。江西省院对各地收集的线索逐一分析研判，指导沿湖检察机关结合本地实际找准切入点，聚焦违建侵占湿地、污染湿地环境、非法放牧、破坏湿地生物多样性等问题开展特色监督。九江市院针对都昌县、庐山市等辖区内鄱阳湖湿地普遍存在的违规放牧问题以事立案。上饶市鄱阳县、余干县两地检察机关围绕江豚生境受损问题办理非法捕捞、违法排污、非法采砂等案件21件，守护长江江豚栖息环境。二是紧盯重点问题，办理“硬骨头”案件。江西省院跟进长江经济带警示片、中央和省环保督察等披露的问题线索，聚焦社会关注的湿地生态环境受损问题开展监督。将2023年长江经济带警示片指出的“长江干流彭泽段各类违规垂钓、偷捕行为多发”问题线索逐级交办彭泽县院，该院迅速部署专项监督活动，督促农业农村、市场监管等部门出动执法人员420余人次，收缴禁用渔具494套，有力维护湿地生物多样性。针对省生态环境保护督察反馈的“鄱阳湖南昌湖区断面总磷污染防控打折扣”问题，全程指导南昌市院在丰水期前迅速固定证据，就处于江西鄱阳湖南矶湿地国家级自然保护区内的南矶乡存在生活污水直排、固废违规处置等破坏湿地问题直接立案。三是强化湿地修复，助推综合治理。坚持把办案与修复治理工作有机结合，推动湿地修复工作取得实效。修水县院办理督促履行修河源国家湿地公园保护职责行政公益诉讼一案中，促成地方政府投入1亿余元打造湿地保护恢复项目，助力湿地生态系统治理。万年县院在办理珠溪国家湿地公园保护一案中，督促县林业局对水泥硬化的13余亩湿地进行修复，并将已修复的湿地挂入江西省湿地资源运营平台以总价118.35万元完成交易，积极实现省内湿地资源占补平衡。

三、凝聚共识强化协作，推动形成共建共治共享的湿地保护工作格局

积极践行双赢多赢共赢理念，努力扩大“朋友圈”，形成社会共

治合力。一是完善公益诉讼工作机制。江西省院与省林长办联合下发《关于进一步深化“林长 + 检察长”协作机制的通知》，与省林业局联合印发《关于建立健全湿地保护领域行政执法与检察公益诉讼协作机制的意见》，为推动解决鄱阳湖湿地内存在的违规放牧、越野车碾压湿地等“老大难”问题提供强有力的制度支撑。指导九江、南昌、上饶三地检察机关建立环鄱阳湖流域生态环境和资源保护公益诉讼跨行政区划管辖协作机制。九江市院联合长江委水政监察总队、市水利局、修河水文水资源监测中心会签“水行政执法 + 检察公益诉讼 + 技术支持”协作机制，共建水生态应急监测实验室，常态化开展湿地水质检测。二是积极借助“外脑”智慧。全省检察机关充分运用好“益心为公”志愿者检察云平台，主动邀请特邀检察官助理和湿地领域专家学者参与案件办理，为湿地司法保护提供强大助力。九江地区沿湖基层院通过“益心为公”志愿者获取固体废物侵占湿地、养殖污水污染湿地等问题线索后，集中立案 18 件。三是加大普法宣传力度。坚持“谁执法、谁普法”，利用“世界湿地日”“世界水日”“检察公益诉讼宣传周”等重要时间节点，通过新闻发布会、公开听证等多形式广泛宣传湿地保护典型案例和法律法规，提高公众湿地保护意识，推动湿地全面保护和有效管理。

落霞与孤鹜齐飞，秋水共长天一色。加强湿地保护，是生态文明建设的题中之义，更是中国式现代化的必然要求。保护赣鄱湿地，就是保护江西最大的生态品牌。下一步，江西检察机关将认真贯彻落实本次研讨会精神特别是应勇检察长重要讲话要求，深入推进赣鄱湿地保护高质量发展，为守牢长江重要生态屏障、建设人与自然和谐共生的美丽江西贡献检察力量！

系统推进重点湖泊治理 助推长江生态保护提质增效

湖北省人民检察院

湖北素称“千湖之省”，是长江流域重要的水源涵养地和国家重要生态屏障，在长江蓄水调洪、水质净化、生态维护等方面发挥着重要作用。2023年以来，湖北检察机关认真学习贯彻习近平生态文明思想和习近平总书记关于推动长江经济带高质量发展、视察湖北系列重要讲话和指示批示精神，从政治上着眼，从法治上着力，深化落实《长江保护法》《湖北省流域综合治理和统筹发展规划纲要》，聚焦重点湖泊跨区划治理难题，学习借鉴最高检办理南四湖、万峰湖专案经验，坚持一体履职、系统治理、协同推进，共办理涉湖泊案件1162件，助推长江经济带高水平保护和高质量发展。

一、坚持一体履职，以组织之能推动湖泊治理全面起势

充分发挥检察一体化优势，整合办案资源和力量，实行工作统一调度、线索统一管理、人员统一调配，做到全局性谋划、整体性推进。

（一）突出专项带动

组织开展“助力流域综合治理，推进长江经济带高质量发展”专项工作，成立以检察长为组长的专项工作领导小组，将洪湖、梁子湖、斧头湖等24个国控和省控重点湖泊治理作为专项工作的重要内容，并对中央环保督察反馈的湖泊问题进行挂牌督办。指导市县两级院从“小切口”着力，因地制宜开展小专项。荆门市沙洋县院组织开展长湖流域污染治理专项工作，促推当地政府投资3178.2万元对开发区污水

管网进行系统改造，有效改善了长湖水环境质量。

（二）注重全面履职

持“四大检察”内在统一于法律监督宪法定位的理念，指导市县两级院强化内部线索移送、信息互通共享，形成“四大检察”整体联动、融合履职的工作格局。罗某等17人在梁子湖武昌鱼国家级水产种质资源保护区非法捕捞水产品8万余斤，武汉市硚口区院立案后，依法提起刑事附带民事公益诉讼，既有力指控犯罪，又及时恢复受损公益。

（三）创新工作机制

探索建立“属地+交叉+巡回”检察办案模式，抽调骨干组建交叉巡回检察组并建立临时党支部，分组开展专门调查、负责专项跟进、组织专题研究，并对已结案件开展“回头看”，对新发现问题线索由省院统一交办、督办，相关做法被最高检评为党建与业务深度融合“优秀案例”。专项工作以来，共发现移送问题线索141条，交办督办案件40件，相关单位立办案件40件，有效解决了湖泊治理中的堵点难点问题。针对洪湖湿地自然保护区内违规经营、水产养殖等问题，湖北省院指定异地检察院依法办理，该案获评最高检首批湿地保护公益诉讼典型案例。

二、坚持系统观念，以统筹之法提升湖泊治理工作质效

锚定“高质效办好每一个案件”，用系统的思维、统筹的方法，努力实现惩治犯罪与修复生态、纠正违法与源头治理、维护公益与促进发展相统一，以有力司法保障助推湖泊治理取得实效。

（一）统筹保护和发展

常态化组织开展“以政治说办案、讲工作”活动，引导检察官从

大局出发，在监督办案时透背景、析原因、看影响、察风险，恰当运用法律政策，依法妥善推进办案，统筹安全、发展、环境、民生等各项工作。黄石市院针对城区54个老旧小区改造中存在的雨污管网混接、错接污染磁湖情况，通过检察建议督促黄石市有关部门综合履职，推动湖泊治理、城市发展与民生保障问题统筹解决。

（二）统筹岸下和岸上

湖泊环境问题表象在岸下，根子在岸上。围绕落实省委省政府《关于加强湖泊综合治理的指导意见》，聚焦湖泊岸线治理、截污控污、生态系统结构改善等重点任务，统筹推动解决污水直排、畜禽和水产养殖、农业面源污染、自净功能退化等问题。专项工作开展以来，共推动整治规模以下入湖排口102个，督促整治、关停非法排污水产养殖企业50家，清理固废30余万吨。武汉市新洲区院针对涨渡湖环境污染问题制发检察建议，推动相关部门从污水网管建设、入湖港渠清淤、生态补水、水生植被修复等方面进行综合整治，促进水质逐步改善提升。

（三）统筹办理和治理

既抓末端、治已病，又抓前端、治未病，积极发挥检察职能促进湖泊系统治理、综合治理、源头治理。联合省法院、省生态环境厅等8家单位建立检察公益诉讼与生态环境损害赔偿衔接机制、赔偿金管理机制，助力湖泊受损生态修复。探索开展相对不起诉社会自愿服务试点，对拟作不起诉决定的案件当事人，引导其自愿参与巡江巡湖、巡山护林等公益服务，相关做法被中央政法委评为全国市域社会治理现代化优秀创新经验。注重个案办理与社会治理相结合，制发检察建议253份，并推动将检察建议纳入法治督察范围，促进标本兼治。“长江三峡生态检察官助力流域综合治理”被评为

2023“荆楚杯”社会治理创新十佳案例，宜昌市院荣获第七届湖北省环境保护政府奖。

三、坚持协同推进，以能动之为凝聚湖泊治理工作合力

湖泊治理是一项系统工程、综合工程。湖北检察机关严格落实重大事项请示报告制度，积极争取党委政府支持，主动接受外部监督，凝聚湖泊治理工作合力。

（一）强化府检联动

联合省生态环境厅、省公安厅等单位印发《湖北省生态环境行政执法与刑事司法衔接办法》，通过联合培训促进湖泊领域“行刑”两法高效衔接。积极邀请生态环境、自然资源等部门业务骨干担任特邀检察官助理，为监督办案提供专业支持。依托执法司法信息共享，研发非法排污、偷漏缴环保税等涉湖泊治理大数据法律监督模型，通过推送线索立办案件287件。

（二）促进区域协作

指导武汉、鄂州、荆州、荆门等地建立梁子湖、长湖生态检察区域协作机制，指导公安县院与湖南省澧县院建立牛浪湖检察公益诉讼跨区域协作机制，形成聚合效应。通过监督办案，促进地方行政部门强化沟通协作。咸宁检察机关在办理斧头湖公益诉讼案件中，推动武汉、咸宁生态环境部门联合签订《斧头湖流域联防联控机制框架协议》，做到一体联动、协同发力。

（三）凝聚社会共识

探索建立代表建议、政协提案与公益诉讼检察建议衔接转化机制，通过人大监督和政协民主监督促推湖泊治理问题解决。充分发挥“益

心为公”志愿者检察云平台作用，依靠公众力量发现案件线索2579条。健全完善检察听证、圆桌会议等机制，畅通公众参与湖泊治理渠道。加大法治宣传力度，与省水利厅联合发布“河湖长+检察长”协作典型案例，增强湖泊治理的社会关注度和影响力。

坚持寓监督于支持
推动河湖流域依法治污精准治污科学治污

——关于办理华容县东湖水体污染治理公益诉讼案的实践与思考

湖南省人民检察院

湖南因水系发达，素有“三湘四水”之美誉。湖南省检察机关牢记习近平总书记考察湖南时关于“守护好一江碧水”“共抓大保护，不搞大开发”的嘱托，积极参与和推动河湖流域综合治理。去年以来，共办理涉流域治理公益诉讼案件468件，督促治理被污染水源面积1.6万亩，清理污染和非法占用河道1148公里，清理被污染水域面积9.4万亩。2021年，中央环保督察通报指出，洞庭湖区普遍存在化肥减量工作不力的问题。通过排查，我们发现华容县东湖长期过度投肥养殖导致水质降至劣Ⅴ类。考虑到湖区污染程度重、污染主体多、涉及水域广、持续时间长、生态修复难，湖南省院组建专案组直接立案办理，持续推动依法治污、精准治污、科学治污。目前，东湖水质连续8个月达到Ⅳ类标准，近3个月达到Ⅲ类标准。

一、基本案情及检察履职过程

（一）基本案情

东湖北倚长江、南滨洞庭，水域面积3.2万亩，系国家级水产种质资源保护区及国家级湿地公园。2002年，华容县政府与某上市水殖公司分别以东湖50年水面养殖权和现金出资，成立渔业公司，由水殖公司控股经营。2003年至2017年，渔业公司在东湖水域投肥投药13.61万吨从事水产养殖，大规模捕捞能吸释磷肥的螺蛳蚌壳等底栖动物，湖底沉积含磷淤泥0.8—1米、有效磷总量1396吨，水体总磷严重超标、自净功能基本丧失、水质下降至劣V类。

（二）检察履职过程

2022年1月，湖南省院对渔业公司以民事公益诉讼立案，同时函告湖南省生态环境损害赔偿制度改革领导小组办公室，建议督促岳阳市政府开展生态环境损害赔偿。2月，岳阳市院对华容县政府以行政公益诉讼立案。8月，岳阳市政府指定华容县政府启动损害赔偿调查。2023年6月，省市县三级院派员参加磋商，并出具《支持磋商法律意见书》；9月，监督支持岳阳市政府与渔业公司签订分期赔付3.1亿元的赔偿协议并申请司法确认。

二、主要做法

（一）坚持示范引领，带头啃“硬骨头”

在案件办理中，我们面临四大难题：一是东湖水体污染问题由来已久，两轮中央环保督察作为突出问题要求整改，但均难以有效推进；二是东湖水体污染系投肥养殖、农业面源污染、生活污水直排等多种原因造成，治污主体及责任大小难以认定；三是渔业公司作为治污主体，无力承担巨额治污资金；四是因控股的水殖公司提出高额赔偿，股权转让事宜难以达成一致，县政府收回水域养殖权、开展生态治理陷入僵局。因该案涉及县政府的属地责任、市县职能部门的监管责任和上市公司的利益诉求，污染程度重、涉及水域广、污染主体多、生态修复难，湖南省院决定从省市县三级院抽调20余人组建专案组，由省院分管副检察长担任专案组长，以民事公益诉讼为切入口直接立案领办。

（二）深入调查研判，厘清法律关系

专案组通过深入调查，查清了渔业公司投肥养殖污染东湖水体的违法事实，厘清了水环境损害与投肥养殖等多个污染源的因果关系，认定渔业公司承担 81% 的治污责任、生态修复费用为 3.1 亿元。同时，督促审计部门调查水殖公司与渔业公司是否存在财务牵连、人格混同，以及经营现状、现有资产等情况，为县政府与水殖公司商谈股权转让提供支持。

（三）做实释法说理，促成一元转让股权

专案组到水殖公司上门释法说理，阐明长期过量投肥养殖的违法性、危害性和治污法律责任，分析上市公司涉诉风险，提出整改建议，促成水殖公司与渔业公司及县政府平台公司签订《股权转让协议》，以 1 元价格将股权全部转让，并承诺将其应得收益全部用于东湖水环境治理。

（四）加强府检联动，凝聚整改合力

专案组 7 次组织召开案件协调会、磋商会、座谈会、督导会，与市县政府和相关职能部门就水殖公司退出经营、治污责任落实、生态修复治理等事项达成共识，加强协作配合，推进生态治理。目前，已争取中央、省级专项治理资金 1.4 亿元。案件办结后，华容县政府主要领导带队到检察院送感谢信，评价“三级检察机关的依法履职，既为东湖水环境的顺利治理提供了坚实的法治保障，又实现了县域经济发展与生态保护的高度融合”。

（五）推动赔偿磋商，落实治污责任

坚持寓监督于支持，综合运用民事公益诉讼与行政公益诉讼监督手段，监督支持市县政府开展生态环境损害赔偿。专案组派员参加磋

商会议，按照“谁污染、谁担责”的原则，就责任主体、责任比例、赔偿金额、履行方式与期限等内容出具《支持磋商法律意见书》，监督支持岳阳市政府与渔业公司达成分期付款3.1亿元的赔偿协议，摆脱了“企业污染、群众受害、政府买单”的困境。

三、几点体会

（一）必须坚持把依法治污、精准治污、科学治污贯穿办案始终，推动解决谁来治、如何治的问题

坚持做实做细调查取证，充分运用现场勘验、询问咨询、调阅资料、委托鉴定等调查方式，全面查清案件事实，厘清政府属地监管责任和企业治污主体责任。积极协调中科院、省环科院联合编制《华容东湖水质提升与生态修复方案》，持续监督华容县政府和渔业公司逐步推进东湖水域系统治理、综合治理、源头治理。目前，华容县政府已投入9000余万元建设污水处理、减肥减药、环保升级改造等生态修复项目；渔业公司已投入2000余万元开展第一阶段水环境综合治理，建设生态浮岛1万平方米，增殖投放螺蛳255.1万斤、底播帆蚌1500万只，建成1795亩鱼池尾水处理设施。

（二）必须坚持把可诉性、精准性、规范性贯穿办案始终，确保“高质效办好每一个案件”

厘清不同主体的职能职责，从治污主体适格性、公益侵害性、领域法定性、整改现实可能性等方面严格把握“可诉性”标准。坚持在精准、规范上下功夫，制定工作方案，分阶段分小组开展联络协调、调查取证、案件审查等工作，组织编写办案指引，确保办案全过程落实好“高质效”要求。去年以来，湖南省院直接办理和指导办理的花垣“锰三角”矿业污染综合整治案、聚鑫锰业尾矿库整治案等17件案件入选

全国检察机关典型案例。

（三）必须坚持寓监督于支持，以法治的力量保障善治、促进发展

东湖水体污染治理涉及生态保护、民生保障、企业发展、就业稳定等多重问题，如果就案办案，可能造成涉案公司融资困难、股价波动和渔业公司破产、职工失业等后果，给政府和社会带来沉重负担。为此，我们认真落实保安全、护稳定、促发展的检察责任，在执法办案各环节加强风险评估，积极打造督促之诉、协同之诉、支持之诉。

（四）必须坚持把大要案变成“练兵场”，以实战实训锻造一支高素质公益诉讼检察队伍

实战是最好的“练兵场”。我们充分运用检察一体化机制，从洞庭湖区的岳阳、常德、益阳三市和长沙、湘西等地抽调 20 余名干警参与办案，其中领军人才 10 人。通过领军人才的传帮带，帮助洞庭湖区检察机关培育了一大批办案骨干。专案组成员中，已有 11 人得到提拔、晋升，1 人获评全国检察业务专家，1 人获评全国优秀办案检察官，3 人在全国首届公益诉讼检察业务竞赛中获评标兵、能手。

以诉的确认增强监督刚性
助力筑牢长江上游重要生态屏障

——重庆检察机关办理长江流域围堰养鱼监督治理案的思考

重庆市人民检察院

近年来，重庆市院坚持以习近平新时代中国特色社会主义思想为指引，以依法履职贯彻落实习近平总书记关于筑牢长江上游重要生态屏障的重要指示，创建并推行长江生态检察官制度，近3年全市17起案件获评全国检察机关生态环境保护领域典型案例。其中，重庆市院全程指导办理的重庆一分院督促治理长寿区围堰养鱼行政公益诉讼案，充分发挥全市“河长+检察长”协作、长江生态检察官制度、公益诉讼线索平台等机制优势和平台作用，在助力筑牢长江上游重要生态屏障上成效显著，现汇报如下。

一、强化保障机制建设，保障重点线索及时督办

2021年3月，重庆市院与市河长办公室建立全市“河长+检察长”协作机制，实现线索移送常态化，同年12月，市河长办向重庆市院移送长寿区围堰养鱼问题等案件线索。为加强全市案件线索管理规范性，增强线索督办力度，重庆市院建立全市公益诉讼案件线索管理平台，并将市河长办移送的该批线索通过平台进行分配督办，前述线索被推送至长寿区院审查办理。

长寿区院查明该案系当地历史遗留问题，涉及围堰拆迁补偿、围堰存续合法性认定等重难点，本地督促推动有较大阻力。长寿区院将相关办案阻力及时汇报重庆市院，重庆市院经分析研判后，认为本案确有监督必要，考虑属地检察机关推动难度大，决定提级监督，指令

长寿区院将线索移送重庆一分院办理。

二、强化上级督导作用，完善案件证据体系

重庆市院依托长江生态检察官制度，确立市院督办、分院承办、基层院协办一体化办案模式。2022 年 5 月 5 日，重庆市院指导重庆一分院对长寿区水利局、长寿区农业农村委员会（以下简称长寿区农委）立案调查，并派员多次前往办案地，与重庆一分院开展案件分析、加强实地督导。后重庆一分院走访长寿区河长办、长寿区水利局、长寿区农委、但渡镇人民政府等相关单位并调取了大量证据材料，进行现场勘验，精准认定涉案区域面积，距长寿城区饮用水源取水点、长江入江口的距离。2022 年 5 月 10 日，重庆一分院邀请人大代表、政协委员、行业专家等召开听证会，听取长寿区水利局、长寿区农委及当事人代表意见建议，并就涉及当事人权益事项开展释法说理，化解矛盾风险，形成初步整治共识。至此形成了全案关键证据体系。

三、从严复核全程把关，准确制发检察建议

经查，龙溪河系长江一级支流，重庆市长寿区但渡镇河段上围堰养鱼塘已违法存续十余年，其中两处仍在持续违法养鱼。长寿区水利局对辖区围堰养鱼塘侵占河道具有监管职责，长寿区农委对辖区违法渔业养殖具有监管职责，上述行政机关在长达十余年间未开展有效行政监管治理，致使长江流域国家利益和社会公共利益受到侵害。重庆市院认为，行政机关监督管理职责不仅包括对现行违法行为的监管，也包括对历史遗留问题侵害公益的治理；对于同一公益损害后果，涉及两个以上相互独立并具有关联关系的违法行为，其中任何一个行政机关独立履职，均难以全部实现公益保护的，可以同步督促负有不同监督管理职责的行政机关依法履职。重庆市院指导重庆一分院于 2022

年5月16日分别向长寿区农委、长寿区水利局发出检察建议，建议对龙溪河流域围堰养鱼侵占河道、无证非法养殖问题进行综合治理。

四、强化诉的确认方式，切实增强监督刚性

考虑到该案涉及历史遗留问题，公益保护与私益诉求交织，且行政机关已形成整改方案并承诺于2022年11月底完成全部整改工作，重庆一分院遂中止审查，并要求行政机关同步跟进督促。2022年10月，重庆一分院跟进调查发现，整改工作未取得实质性成效，于同年10月14日向长寿区水利局、长寿区农委发出《关于全面落实但渡镇龙溪河流域围堰养鱼问题整改工作的函》，提示其督促加快推进整改工作，但至12月8日，上述问题仍未得到实质性整改。

重庆市院审查全案证据材料，认为长寿区水利局、长寿区农委经检察建议、发函督促，仍未有效整改，指导重庆一分院依法提起行政公益诉讼。2022年12月26日，检察机关分别以长寿区水利局、长寿区农委为被告向重庆市第一中级人民法院提起行政公益诉讼，请求判令长寿区水利局对案涉围堰养鱼塘侵占河道水域及岸线资源的情形进行监管治理、长寿区农委对案涉违法围堰渔业养殖进行监管治理。诉讼过程中，长寿区水利局、长寿区农委于2023年2月至3月完成7处围堰养鱼塘拆除工作。

2023年4月17日，重庆一分院运用公益诉讼指挥中心开展现场勘查，由“益心为公”志愿者、水行政执法领域特邀检察官助理现场见证。经核查，7处围堰已全部拆除，长江流域国家利益和社会公共利益已得到有效保护，重庆市院遂指导重庆一分院变更诉讼请求为确认违法。2023年5月19日，重庆市第一中级人民法院分别对两起案件公开开庭审理。法庭审理中长寿区水利局、长寿区农委辩称已履职整改到位，不存在未依法履职情形。公益诉讼起诉人提出，由于违法围堰养殖

行为持续时间长，行政机关长期监管履职不到位，且其对自身全面依法履职认识违背法律规定，故可将诉讼请求变更为确认行政机关长期履行监管职责不到位的行为违法，以期警示警醒。重庆市第一中级人民法院经审理认为，检察机关变更诉讼请求为确认违法，可进一步督促行政机关依法行政，实现最大限度维护国家利益和社会公共利益的目的，故于2023年6月27日判决支持重庆一分院诉讼请求。

五、深挖案件办理价值，做好“后半篇文章”

以该案为契机，重庆市院指导重庆一分院统筹办理类案5件，实现由个案办理到类案监督，并形成《支流非法拦河围堰养鱼禁而不止长江生态环境保护“抓大”也要“治小”》情况反映，为推动长江流域类案系统治理提供检察智慧。指导重庆一分院撰写的《重庆市人民检察院第一分院诉长寿区水利局长寿区农业农村委员会行政公益诉讼案》被最高检、最高法联合评为生态环境保护典型案例，发挥类案参考价值；指导案件承办检察官撰写的《立足实质性起诉要件 精准提起行政公益诉讼》调研文章在《检察日报》刊发。分析总结案件办理情况，组织开发《检察公益诉讼出庭实战技能》课程，已在国家检察官学院交流讲授三次，最大限度发挥个案办理形成的示范效应。

协同履职　多元共治
统筹推进小流域综合治理提质增效

四川省人民检察院

四川是长江上游重要的水源涵养地，被称为千河之省，省内共有2816条小流域，小流域水环境质量对大江大河生态系统具有重要影响。近年来，四川省院聚焦省内部分小流域公益受损严重、社会影响大及具有跨流域、跨区划特点的生态环境问题，坚持护航发展与治理环境融合，以场镇生活污染控制、农业面源污染防治和污水直排整治为办案重点，加大公益诉讼自办案件力度，通过通济堰专案、姚市河专案、黑龙滩专案等一批小流域综合治理自办案件，统筹推进小流域综合治理。

一、深化一体化办案机制，提升工作质效

小流域综合治理是一项系统工程，涉及的生态环境问题点多面广，覆盖水利、农业农村、生态环境、自然资源等多个行政机关错综复杂的职能。通济堰、姚市河、黑龙滩共涉及四川省内小流域20余条，且跨行政区划，存在上下游、左右岸治理不同步的典型特征。长期以来，通济堰沿渠两岸固体废物及畜禽水产养殖废弃物直接入渠，姚市河四川安岳段工业园区污水处理厂废水直排、场镇污水管网破损导致生活污水直排叠加畜禽养殖污染，两处流域同时叠加农业面源污染，水域断面水质长期为Ⅳ类，有时为劣Ⅴ类。黑龙滩饮用水水源地因无序开发，严重挤占水源地生态保护空间被中央生态环境保护督察点名。四川省院在专案办理过程中，采用检察一体化办案模式，整合优势资源，发挥整体效能，四川省院成立办案组，同时指导相关市县

两级院设立办案分组，统一工作方案，统一办案目标，统一研判案情，统一分配任务。通济堰专案、姚市河专案、黑龙滩专案共立案公益诉讼案件28件，其中行政公益诉讼26件、民事公益诉讼2件，同时制发社会治理检察建议5件，在推动解决案涉点位水生态水环境问题的同时，对上下游、左右岸存在的农业面源污染、沿岸生活固体废物污染、养殖污染、生活污水直排等流域性问题也同步推动开展治理。通过专案办理，长达15年的通济堰跨行政区划水环境问题得以彻底解决，姚市河流域（安岳段）水质明显改善，稳定保持在Ⅲ类水标准以上，黑龙滩流域存在的违法占地、生态破坏等问题有效解决，并推动《眉山市黑龙滩水库保护条例》出台，促成相关部门投入5亿余元开展通济堰、姚市河、黑龙滩流域治理。

二、强化府检联动，健全制度保障

三级检察机关与同级水行政执法部门、河长制办公室、生态环境部门强化协作联动，体现公益诉讼督促之诉、协同之诉的制度优势，共同推动小流域综合治理。通济堰专案中，三级检察机关多次与市、区两级河长办、相关行政机关召开圆桌会议共商问题解决举措，共同开展现场回访，促成成都、眉山两地相关行政机关建立健全通济堰生态环境保护协作机制，形成通济堰水环境治理合力，彻底解决通济堰流域治理不同步的问题；在检察机关的推动下，省水利厅印发《通济堰灌区清堰（河）净水三年行动方案（2024—2026年）》，将通济堰水体污染治理纳入成都、眉山两市河长制工作考核重点项目及2024年省级环保督察考核重点项目。在姚市河专案中，川渝三级检察机关加强与同级生态环境部门的协同配合，综合运用检察建议、行政公益诉讼起诉、社会治理检察建议等多种方式，有效推动问题解决。在黑龙滩专案中，检察机关主动向同级人大常委会报告，三级人大常委会组织省、市、县人大代表开展调研，代表们对检察机关在黑龙滩库区生态保护方面所做的工作表示肯定，并针对调查中发现的问题，向眉山市司法局、市黑龙滩风景区管理委员会等部门发出建议函，从立法和制度上解决流域治理问题。

三、延伸办案效果，开展社会治理

流域治理具有结构上整体性、过程上系统性、功能上可持续性的特点。四川省院在办理流域生态环境保护治理自办案件时，结合流域和流域生态环境的系统性，坚持从生态系统整体性出发，强化流域源头治理、综合治理，深化以案促治，推动全流域综合治理。在通济堰专案中，为实现以点带面效果，三级检察机关与同级水行政执法部门及河长制办公室实地走访通济堰渠首、东干渠、西干渠、二支渠，又发现与通济堰干支渠平交的毛河、梁河水体污染线索 11 条，通过办案推动相关行政机关依法履行水域岸线管理、水污染防治、水环境治理等监管职责，系统推进通济堰全流域综合治理，有效保护世界灌溉工程遗产水环境和天府粮仓灌溉水源。在姚市河专案中，四川省院指导基层院对相关行政机关提起行政公益诉讼，推动当地成立由县委书记任组长的专项工作领导小组，设立城镇污水管网整治、污水处理设施整治、工业企业问题整治、农业面源污染整治、河段内源污染整治等 5 个工作专班，对姚市河污染问题全面整改，促成相关部门投资 3 亿余元开展生活污水处理问题整治，并针对养殖污染及农业面源污染问题对全县 150 家畜禽规模养殖企业开展环保专项执法检查，针对内源性污染问题，从书房坝水库向姚市河生态补水 200 余万方，推动多年存在的姚市河水体污染问题得到全面有效解决。在黑龙滩专案中，四川省院以省林草局违规审批导致林地被破坏为主线，延伸排查梳理出黑龙滩库区存在的多个线索并全部开展立案调查，开展重点突出、系统全面的“体检式”监督，推动黑龙滩生态环境系列问题解决。

四、注重以点带面，推动系统整治

四川省院及时对专案办理中的一体化办案、府检联动等办案经验进行了分析总结推广，针对四川部分小流域水质达标稳定性有待提升的现状，组织长江重要支流沿线检察机关开展拉网式排查，以排查发现的农业面源污染、污水直排等小流域水环境突出问题为办案重点，在全省部署开展小流域治理专项行动，共办理公益诉讼案件252件。在岷江、嘉陵江的相关支流，针对枇杷、柑橘类果袋随意入河导致小流域水质不稳定等问题，通过办案推动清理转运果袋1000余吨，建成农药包装废弃物回收监管信息化系统，回收农药包装废弃物约60万个。在赤水河支流小流域古蔺河，检察机关通过办案推动古蔺县委县政府出台《古蔺河综合治理工作方案》，投入2700万元新建污水管网、提标改造污水处理厂，杜绝污水直排问题，赤水河流域古蔺段水质提升至Ⅲ类，有效保障酱香型白酒原产地和主产区用水安全。在泸沽湖相关支流，川滇两地检察机关针对沿湖污水直排等问题开展专项整治，督促有关行政机关投入2410万元修建污水管网2万米，助力提升泸沽湖水环境质量与景观美学价值。全省检察机关认真贯彻落实《四川省重点小流域水环境质量限期达标总体方案》提出的长江水生态环境提质升级要求，通过办理大陆溪、同心河等重大复杂小流域水环境治理案件，督促主管部门投入资金近5亿元治理琼江支流等小流域，推动排污企业调整生产结构、提升环保设施，“绿色经济”向好发展。

强化检察融合履职　共护一江清水出云南

云南省人民检察院

云南地处长江上游重要水源涵养和生态安全屏障区，干流金沙江流经云南7个州市1560公里。近年来，云南省检察机关在最高检和省委的坚强领导下，坚持以习近平生态文明思想、习近平法治思想为指导，铭记习近平总书记关于“云南是西南生态安全屏障，承担着维护区域、国家乃至国际生态安全的重大职责”的殷殷嘱托，扛牢长江上游生态环境保护的政治责任，把保护和修复长江生态环境摆在生态检察工作重要位置，助力全流域生态环境一体保护，为服务长江上游高水平保护、促进高质量发展贡献检察智慧和力量。

一、不断深化认识，强化上游责任担当

云南省检察院党组严格落实“第一议题”学习制度，深入学习贯彻习近平总书记在推动长江经济带高质量发展座谈会上的4次重要讲话精神，及时专题研究部署助力生态文明排头兵建设和六大水系、九大高原湖泊生态环境司法保护工作，先后出台《关于充分发挥检察职能服务和保障生态文明建设的实施意见》《关于进一步加强生物多样性司法保护工作的意见》等一系列制度机制。紧紧围绕中央部署和最高检、省委关于服务长江经济带发展、乡村振兴、“美丽云南”建设工作安排，突出深入打好污染防治攻坚战《关于全面加强生态环境保护坚决打好污染防治攻坚战的实施意见》“十个标志性战役”“三治一改善”等工作重点，把检察工作深度融入工作大局，以更高站位助力流域保护治理现代化。坚持以办案为中心，立足“四大检察”职能，积极探索“三诉合一”、跨区域办案协作、组建跨领域办案团队等融合履职

新路径，突出办案重点，持续加大生态环境司法保护力度。采取挂牌督办、交办领办、建立“问题清单”、专人跟踪落实等方式压实责任，持续助力中央环保督察及长江警示片所涉问题的整改，先后交办相关线索93条、挂牌督办16件，立办案件107件，助力金沙江流域“硬骨头”生态环境损害问题的整改。如楚雄州禄丰市院针对自然资源部门违法发放采矿许可证，停采后未对采石公司履行地质环境恢复治理监管职责导致破坏生态问题，运用“检察建议＋起诉”方式持续跟进监督，所有诉讼请求均获法院支持，目前矿山已完成修复并验收。在省政府支持下，会同水利部门部署开展“金沙江流域（云南段）生态环境和资源保护专项监督行动”，并在巩固专项监督成果的同时推动常态检察监督工作。2018年以来，共起诉相关生态环境和资源保护领域刑事案件4753件7007人、立办公益诉讼案件12743件，云南省院在积极配合最高检万峰湖、长江船舶污染、珠江流域水环境治理专案办理的同时，学习借鉴一体化办案理念、做法，直接立办赤水河、曲江、小湾库区等3件涉水公益诉讼案件，积极推动惩治犯罪与修复生态、纠正违法与源头治理、维护公益与促进发展相统一的生态环境检察工作格局。18件生态环境公益诉讼案件入选全国典型案例，普洱绿色检察、大理玉洱银苍生态检察荣获全国检察机关优秀文化品牌，一名同志获“中国生态文明奖”先进个人。

二、凝聚执法司法合力，共绘保护最大“同心圆”

云南省院主动加强与河长办、水利、自然资源、生态环境等部门的协调联动，完善信息共享、线索双向移送、联合调研等协作机制，通过“河（湖）长＋检察长”共同巡湖巡河，开展重点问题联合巡查调研、定期磋商、互派干部交流锻炼、联合召开全省工作推进会等方式推动机制实质化运行，形成“1+1>2”的叠加保护效应。国家林草局驻云南专员办、省河长办、生态环境厅、审计厅先后通报或移送问题线索700余件，促成立办公益诉讼案件430余件。与省河长办、水利厅采取“联合督导＋检察监督”，有效推动违法占用金沙江河道养殖等难题的解决，联合发布协同共治典型案例22件；与省生态环境厅等7部门联合印发《生态环境损害赔偿与检察公益诉讼衔接的实施办法》，融合各自职能推进生态环境修复治理。各分州市两级检察院也先后与法院、行政机关、监委建立相关协作机制120余个，构建起互促共赢、协同保护公益新格局。

三、深化跨区域检察协作，下好流域保护“一盘棋”

认真落实最高检构建长江经济带检察工作“一盘棋”工作格局要求，深入推动渝川黔滇藏青六省市区检察机关长江上游生态保护跨区域协作联动，积极参与川滇藏甘新青新疆生产建设兵团检察机关青藏高原及周边区域生态检察司法保护跨省际区划协作机制，凝聚上下游、左右岸跨区域协同保护的合力。楚雄、丽江两地辖区6个检察院与四川省攀枝花市辖区2个检察院建立了金沙江生态环境保护跨区域检察协作机制；黔滇两省检察机关常态化开展赤水河联合巡查、线索相互移送，通过线索移送共立案12件；川滇两省探索三级“湖长＋检察长”泸沽湖巡湖促整改生态保护新模式，协同办理跨省际公益诉讼案件，提升同防同治监督效果。

四、聚焦重点案件融合履职，办高质效案件

在整体推进办案工作的同时，对重大复杂案件组建跨层级跨部门办案团队融合履职，有效推动高质效办案。如办理昆明闵某纸业有限公司等污染环境案中，云南省院下沉指导，昆明市、西山区两级院组成联合办案团队，公益诉讼检察部门依托融合履职协作机制，借助刑事检察提

前介入、引导侦查的监督优势，弥补公益诉讼检察调查取证能力保障的不足。针对涉案造纸企业污染物缺乏独特性，且偷排污染物直接进入河道水体难以固定污染物质等特点，确定以违法减少防止污染设施支出取代通过暗管偷排有毒有害物质的取证方向，以虚拟治理成本法测算认定公司造成环境污染损害 1081.5 万元。同时注重公益诉讼调查的独立性，鉴于本案为单位犯罪，但涉案公司账户余额不足 2 万元，办案团队结合刑案证据研判后认为可能存在股东财产和公司财产混同情形，公益诉讼检察部门通过“协同调查 + 独立调查”的方式，查明公司 3 名股东及股东配偶银行账户、股东配偶名下个体工商户收取公司货款 1.2 亿余元，公司 530 余万元购买的 9 套房产变更登记在股东及股东配偶名下等财产混同事实，公益诉讼检察部门据此适用“公司人格否定”制度，要求 3 名股东承担连带赔偿责任。经检察机关提起刑事附带民事公益诉讼，法院以污染环境罪判处纸业公司及黄某海、李某城刑罚的同时，判令纸业公司承担生态环境损害赔偿 1081.5 万元、支付鉴定检测费用 12.95 万元，股东黄某海、黄某龙、黄某芬对上述费用承担连带赔偿责任，实现刑事犯罪打击与公益诉讼监督的双协同，该案入选最高人民法院第 38 批指导性案例。坚持系统治理，针对办案中延伸发现公司选址不符合滇池保护区规划要求、违法从螳螂川取用水资源、股东账户收取货款涉嫌税务违法等损害国家利益和社会公共利益问题，通过三级检察机关一体化履职，督促行政监管部门对辖区内重点区域、重点行业、重点工作开展排查，发现问题 483 项并督促企业整改落实，督促 18 家生产企业完善取水许可手续，追缴少缴税费 2602.62 余万元。通过高质效案件的办理，推动了流域和行业的治理体系和治理能力的提升。

在今后的工作中，云南省院将认真贯彻落实本次研讨会精神，落实最高检服务保障长江经济带高质量发展的工作安排，加强与长江经济带省（市）检察机关的联动协作，真抓实干、担当作为，努力为长江经济带高质量发展提供有力司法保障。

检察履职“一盘棋” 共筑流域“大屏障”

——贵州省人民检察院办理赤水河专案情况报告

贵州省人民检察院

赤水河，属于长江上游一级支流，是中国酱香型白酒原产地和主产区，承载了长征史上光彩神奇的红色记忆，被誉为“生态河”“英雄河”“美酒河”。贵州省院坚决贯彻落实习近平总书记的重要讲话精神和最高检的安排部署，坚持以高水平保护支撑高质量发展，充分发挥检察职能作用，持续推动赤水河流域治理和污染防控，助力改善赤水河流域水生态环境。2023年11月15日，贵州省院针对赤水河流域生态环境问题以事立案，专案推动问题整改，目前已取得明显成效。在赤水河专案成效评估听证会上，受邀担任听证员的五名省人大代表、政协委员、“益心为公”志愿者一致认为:“‘赤水河专案’的办理，体现了法治治理和温情治理，有力推动赤水河流域违章生产作业问题得到了深层次治理。”

一、紧扣“大专项”，找实精准监督“小切口”

一是全景透视找问题。在办理该案前，贵州省院已部署开展赤水河流域保护专项工作，针对赤水河实施“全流域、全领域、全行业”检察监督，经全方位调查发现赤水河流域存在“河不畅、水不清、岸不绿”等面源问题，主要表现为：沿线部分企业雨污分流不到位，雨天污水直排、溢流现象多发；企业偷排漏排、未达标排放屡禁不止；非法采矿、违法取水、私自开工建设或投入生产等时有发生。二是深层穿透抓重点。检察监督中发现的部分企业无环评手续，导致未能办理排污许可证，造成无证排污，以及有些企业因前期规划不科学，污水未能进入市政管网统一处理，当生产规模扩大及酒企污染防治标准提高后，自建污水处理设施处理能力不足，导致漏排、不达标排放等。经深入调查分析后认为，赤水河流域生态环境治理难有其复杂性和反复性，其中违法建设、违法生产行为最为突出，影响也最为严重。而违法生产作业涉及面广、成因复杂，市、县两级院监督力量不足、督促协作不够，监督乏力。为系统解决检察监督中发现的深层次问题，贵州省院决定对赤水河流域违法建设、违法生产破坏流域生态环境等问题以事立案，靶向监督，精准施策，推动赤水河流域公益保护难题破解。三是专案办理促整改。以事立案后，贵州省院抽调 11 个办案单位 40 余名干警组成专案组，拧成“一根绳”、形成“一股劲”，三级检察院共立案办理公益诉讼案件 77 件，有针对性地推动解决赤水河流域违法建设、违法生产等问题，推动“硬骨头”问题彻底整改。通过专案办理，推动 700 余家酒企升级排污设施并依法取得排污许可；推动 100 余家矿山开展生态修复，关停违法占用土地的临时料场 186 家；督促赤水河流域养殖企业修建养殖粪污处理设施 130 余个；督促修复被损坏的耕地、林地 400 余亩；督促依法查处非法开采地下水资源 18 处。

二、紧靠“一体化”，落实递进监督“分步走”

一是深化融合履职，起底式摸排线索。强化“四大检察”融合履职，从刑事、民事、行政检察案件中深挖公益诉讼案件线索 7 条。同时，强化科技支撑，注重运用大数据监督模型发现线索，推动精准监督。如将自主创建的水资源保护法律监督模型运用于专案，通过向水务、市场监管、供水公司等单位调取相关数据进行比对，发现取水异常数据 800 余条，经核查已立案办理 5 件。二是强化分析研判，分层级立案办理。针对摸排发现的案件线索，专案组根据监督对象层级、公益损害程度、修复难度、社会影响等情况，通过“繁简分流、轻重分离、快慢分道”等措施，将案件分配给省、市、县三级检察机关立案办理。实现司法资源配置效果最大化，有效提高办案质效，增强公益保护的及时性、高效性。在办理的77件案件中，省院立案办理1件，市级院办理3件，区县院立案办理73件。三是坚持刚柔并济，递进式推动整改。专案组根据案件具体情况，综合运用磋商、检察建议、圆桌会议等多种方式，积极推动在诉前解决公益受损问题。如针对桐梓县马鬃乡等地畜禽养殖粪污直排问题，桐梓县院经磋商、检察建议等方式，推动县农业农村局等主管部门责令106户养殖户修缮养殖废水收集池，有效解决粪污污染问题。对于逾期未整改到位的，敢于以“诉”的确认体现司法价值引领，切实有效推进受损生态环境修复。如赤水市院针对赤水河河道被违法占用问题，依法提起行政公益诉讼，案件审理期间，行政机关积极履职，清理违规占用的河道5公里，高杆树木200余棵，公共利益得到及时有效修复。

三、紧盯“高质效”，抓实保护发展“两只手”

一是严格监督，确保清水进长江。沿线检察机关充分运用诉前禁止令、司法保护令、制发社会治理检察建议等措施，加强对赤水河生态环境司法保护。如习水县院针对某酒企违法排污致使赤水河水体COD、氨氮、总磷等超标问题，以民事公益诉讼立案后，向县法院申请诉前禁止令，请求禁止该企业继续实施违法排污行为，并立即采取措施防范生产污水和生活粪污渗漏、溢出。毕节市院、金沙县院向毕节市中院、金沙县法院申请《赤水河流域贵州金沙段司法保护令》，发出禁止向赤水河排放油类、酸类等有毒有害液体，禁止倾倒固体废物，禁止占用河道等十条保护令。针对桐梓县内废旧矿山恢复治理存在管理缺陷，检察机关向自然资源部门制发社会治理检察建议，促进开展专项整治，推动行政机关责令358家矿企治理污染问题，关停186家违法占用土地的临时料场。二是依法履职，护航企业保发展。严格落实最高检“检察护企”专项行动工作要求，主动融入地方经济社会发展，依法依规推动沿岸白酒企业改造升级，为酱香白酒产业绿色发展保驾护航。如针对仁怀市部分酒企无证排污，以行政公益诉讼立案办理，推动700余家酒企升级排污设施并依法取得排污许可。既保护赤水河生态环境，又有效促进企业健康发展。习水县院联合习水县法院对白酒产业源头保护开展专题调研，选择红缨子糯高粱种植面积达1500亩的回龙镇作为“红缨子糯高粱（贵州习水）司法保护基地”，开启护航白酒产业高质量发展司法保护新模式。三是协同共治，凝聚合力谋长远。针对违法行为人因资金短缺，导致公益修复缓慢等问题，探索建立《检察公益诉讼＋绿色金融协作配合工作衔接机制》，金融机构目前已为生态修复义务人提供绿色金融贷款178.5万元。目前，人民银行贵州分行推动辖区10余家金融机构与仁怀、习水等9个赤水河流域保护县（市）签订绿色金融战略合作协议。为解决补植复绿难以落地的问题，赤水市院与法院、林业局签订《赤水市生态司法＋碳汇工作机制》，探索建立“林业碳票＋生态司法”办案模式，明确“司法碳票”认购条件、程序、协作等。2024年3月，贵州省毕节市七星关区、大方县、金沙县检察院与四川古蔺、叙永县院、云南镇雄县院签订了《赤水河流域生态环境保护检察工作协作意见（试行）》。

贵州检察机关将牢记习近平总书记“守住发展和生态两条底线”的殷殷嘱托，为“一江清水向东流”筑牢长江上游生态屏障，为进一步形成大保护大开发高质量发展新格局贡献检察力量。

专题研究

ZHUANTI YANJIU

建强用好指挥中心
着力推进高质效办案

湖北省人民检察院

根据最高检统一部署，湖北省院积极推进公益诉讼检察指挥中心建设和应用，成功实现线索研判、远程办案、统筹调度、质效监管、宏观决策等五大功能，推动重大疑难复杂案件特别是跨区划、跨流域案件高质效办理，先后有2件获评“两高”指导性案例、45件入选“两高”典型案例。

一、锚定数字检察，聚焦建强用好

从党的十九大报告首次将“数字中国”写入党和国家纲领性文件，到党的二十大报告明确提出“加快建设数字中国”，再到党中央、国务院印发《数字中国建设整体布局规划》，充分体现了党中央对数字中国建设的高度重视。积极推进公益诉讼指挥中心建设，是深入学习贯彻习近平新时代中国特色社会主义思想、全面贯彻落实党的二十大精神、推动落实数字检察战略、提升公益诉讼检察监督能力的重要举措。湖北省院党组高度重视，按照最高检部署要求，于2021年2月启动湖北公益诉讼检察指挥中心建设。随后三年，又结合研究制订《关于加快推进湖北数字检察建设的意见》《全省检察机关数字检察项目建设行动方案》，持续推进公益诉讼检察指挥中心建设。始终坚持“省院主导、业务部门主建、一线检察官主研”，准确把握基层一线办案需要，不断推动科技赋能公益诉讼检察工作。最高检张雪樵副检察长和湖北省委常委、省委政法委书记肖菊华等领导亲临调研指导，北京、陕西、西藏等兄弟院多次考察交流，对湖北公益诉讼检察指挥中心予以充分肯定，更加坚定了我们建强用好指挥中心、着力推进高质效办案的信心和决心。

二、紧盯线索研判，找准监督方向

（一）建立智能辅助办案平台

充分发挥与执法、司法部门协作机制的作用，自动抓取行政处罚、生态损害赔偿、刑事立案、纪检监察监督等各方面数据信息，收集、筛选和推送案件线索。根据指挥中心推送的多条行政处罚线索，当阳市院发现当地农村水厂水质不达标情况较为普遍，依法向当阳市水利和湖泊局发出社会治理检察建议，当阳市政府高度重视，先后投资3700万元、兴建2座水厂，确保4万余户农村居民喝上“放心水”。

（二）坚持“线上”推送与“线下”查核相结合

通过“日清、周结、月通报”，督促指导全省三级院分析研判线索近4万条，成功立办了一大批案件。收到指挥中心推送的“木材加工企业污染环境”网络舆情后，仙桃市院依法调查核实、迅速立案办理，向仙桃市生态环境局等发出诉前检察建议，推动多家行政主管部门开展联合专项整治活动，促使76家木材加工企业整改完善、提档升级。

三、抓实一体履职，推进协调联动

（一）坚持检察办案一体化

上级院统一调配资源、直接指挥办案，是检察办案一体化的优势所在，是公益诉讼检察指挥中心的价值所在，也是省院和市州分院办案主体作用的意义所在。近年来，湖北省院立办的督促整治互联网小微型客车租赁行业安全隐患行政公益诉讼案、特种设备监管行政公益诉讼案、电动自行车市场准入监管行政公益诉讼案等，无不是检察办案一体化机制的生动实践，也都按照“1+N”办案模式，组织、带动全省各级检察机关集中办理了一批案件。尤其是办理长江湖北段船舶污染案时，指挥中心抽调沿江市县检察机关业务骨干组成 3 个专案组。通过移动单兵设备和实时传送系统远程指挥调查取证，对武汉、宜昌、荆州等多个办案现场进行实时调度，指导走访沿江港口码头 48 个，与相关部门、企业座谈 11 次，登船调查 26 艘次，调取电子数据 8 万余条、书证 159 份。案件办理取得良好成效，相关经验做法被最高检推广。

（二）坚持调动“两个积极性”

一方面，调动市州分院积极性。既要传达贯彻、狠抓落实，还要带头办案、结合本地实际开展“小专项”，从而体现出市州分院“承上启下”的独特价值。宜昌市院指挥中心组织对辖区内清江、沮漳河、黄柏河、三峡库区等流域片区开展专项监督，对跨区域的重难点问题强化统筹协调、破除办案阻力，先后办理水安全案件 39 件、水环境保护案件 143 件、粮食安全保护案件 44 件、生物多样性保护案件 259 件。另一方面，调动基层院积极性。充分发挥基层一线“神经末梢”作用，努力让“一手资料”“最新线报”及时转化为省市院决策成果和助力社会治理实效。在对洪湖、梁子湖、斧头湖等湖泊治理问题进行挂牌督办时，指挥中心多次组织召开专题调研会、案件督办会，当面听取市县两级院意见，指导建立跨区划协作机制，督促涉湖七地两级检察机关形成合力。截至目前，已立办相关案件 299 件。其中，提起行政公益诉讼 5 件，提起刑事附带民事公益诉讼 3 件，提起单独民事公益诉讼 2 件。

（三）坚持“系统抓、抓系统”

从具体履职问题切入，找准对特定领域负有监督管理职责的行政机关工作中的共性问题，制发社会治理类检察建议，协调推动相关方面共同开展专项整治。在开展燃气工程安全专项监督工作时，指挥中心及时发出工作提示和情况通报，组织全省立办燃气工程安全公益诉讼案件57件。其中，提起行政公益诉讼10件，占立案数的17.5%。在此基础上，省检察院和省法院向省住建厅发出《联合建议书》，省住建厅表示抓紧整改、及时回复。相关做法获得最高检充分肯定，湖北省人大社会建设委员会也很关注。

四、坚持质效优先，提升履职水平

（一）强化党建引领

紧紧围绕“高质效办好每一个案件”，推进党建和业务深度融合，着力把指挥中心建成公益诉讼检察办案的“红色引擎”。开展流域综合治理巡回检察工作时，在省院指挥中心成立临时党支部，并按长江、汉江、清江等3个一级流域分设3个党小组，结合办案扎实开展党内政治生活，带动全省检察机关公益诉讼检察部门思想统一、步调一致、履职有力，相关经验做法被《检察日报》《湖北日报》报道，入选第二届全国检察机关党建与业务深度融合优秀案例。

（二）狠抓办案管理

充分发挥指挥中心指导、监督、把关作用，以“可诉性”提升公益诉讼办案精准性、规范性。把好立案关、证据关、起诉关，杜绝凑数监督、拆分监督，确保当诉则诉、应诉尽诉。建立案件质效监管系统，加强综合统计分析，定期进行通报，适时下发专项提示，督促各地补短板、强弱项。常态化开展案件质量评查，自查无死角，交叉评查全覆盖，评查通报指名道姓，注意发现和纠正办案不规范问题。高度重视新闻宣传，选准角度、照顾情绪、回应关切，理性、平和、文明、规范地讲好检察故事，赢得理解、支持和配合。

五、注重赋能借力，强化支持保障

（一）建立知识库

适应一线办案需要，打造法律应用平台，收录法律法规、典型案例等 2 万余件，建立案例和法规更加便捷的“双向关联”，为办案人员提供翔实的参考资料和专业的知识服务。结合“助力流域综合治理，推进长江经济带高质量发展”专项工作，与中南财经政法大学共建长江大保护数据库。

（二）设立专家库

针对公益诉讼检察办案涉及领域广、专业性强、技术要求高的特点，注重发挥“外脑”作用。入库专家 1800 余人，实现资源共享，不断发展成为咨询专家、授课老师和“益心为公”志愿者。深化检校合作，与武汉大学共同申报公益诉讼理论研究基地。

（三）研发应用大数据法律监督模型

积极探索大数据法律监督模型辅助办案，组织研发非法排污、偷漏缴环保税、基本农田“非农化”等公益诉讼大数据法律监督模型 32 个，获评全国政法智能化建设创新案例 1 个、优秀法律监督模型 1 个、全省政法智能化优秀案例 2 个。突出抓好大数据法律监督模型应用，着力提升发现线索、固定证据、突破案件的能力，组织黄石、襄阳等地围绕耕地占用税问题集中办案 106 件、推动相关行政机关依法追缴 8.82 亿元。

湖北省院公益诉讼检察指挥中心取得了积极成效，但与“上下一体、区域联动、指挥有力、协作密切、运转高效”的工作目标相比，仍有较大差距。主要是：信息技术发展很快，硬件设施有待进一步完善；业务系统升级，公益诉讼检察办案领域不断拓展，软件功能需要持续改进；上下衔接配套不够，指挥中心建设和运维经费投入不足，市州分院指挥中心还比较少；等等。

湖北省院将认真贯彻落实最高检部署要求，认真学习借鉴兄弟院经验做法，进一步建强用好公益诉讼检察指挥中心，整合资源、发挥作用，努力做到“高质效办好每一个案件”！

借力“数字重庆”高效推进指挥中心建设

重庆市人民检察院

重庆市人民检察院（以下简称市院）认真贯彻落实《中共中央关于加强新时代检察机关法律监督工作的意见》、重庆市委《贯彻落实〈关于加强新时代检察机关法律监督工作的意见〉的具体措施》、最高检检察大数据战略，按照时侠联检察长深化数字赋能、把数字检察工作作为一项前瞻性、基础性的工作来抓的要求，市院党组融合“数字重庆”建设，以“公益诉讼线索举报一件事”场景构建为抓手，深入开展检察大数据应用，推动科技赋能法律监督，提升公益诉讼办案智能化水平，建成贯通全市三级检察院的公益诉讼检察指挥中心。

一、总体情况

重庆检察机关公益诉讼检察指挥中心，按照市院、分院、基层院三级架构建立，包括视讯调查指挥平台、线索管理系统、大数据监督模型超市等模块，主要满足公益诉讼线索统一管理、重大案件一体化办理、跨行政区划案件指挥调度、办案资源统一调配、推进长江生态检察官“四大检察”融合履职、衔接刑事案件与公益诉讼案件调查取证同步进行、固定公益诉讼证据等工作需求，科技赋能全市公益诉讼工作高效运行。

结合数字重庆建设工作推进，市院融合公益诉讼检察指挥中心原有的业务需求和应用系统，按照“数字重庆”建设的“一件事”[①] 思维迭

① “数字重庆”的“一件事”场景是指围绕推动发展、服务群众企业基层、深化社会治理，将分散在不同部门、业务关联、需求高频的多个“单项事”，以数字化应用为载体，通过数据共享、业务协同、流程再造后，整合为基层企业群众视角的“一件事”。

代、整合、谋划、部署了“公益诉讼线索举报一件事”。经与市级 14 个单位对接，通过“IRS”系统（一体化数字资源系统），获取了 69 类涉及公益诉讼的行政公共数据，可在系统中查询非涉密的规范性文件、行政机关权力清单以及部分执法信息等（比如水利局的水质检测数据、生态环境局重点排污企业数据、市场监管局的行政处罚数据、市人大备案的规范性文件等等），系统也可基于线索类型自动对相关信息进行推送。主要解决公益诉讼线索举报渠道分散、线索核实及移送方式不统一、线索高效协同处置手段缺乏、线索流转全流程监管缺位，以及线索处置后无法向举报群众反馈、群众对公益诉讼感知度较弱等几个主要问题。

二、主要做法

（一）远程指挥“云”巡查助力高质效办案

公益诉讼视讯调查指挥平台由指挥系统、指挥室、前端视讯采集及通信终端设备三部分构成，于 2022 年建设完成。市院负责指挥平台搭建，三级院根据自身实际情况自行选择搭建指挥室，并根据办案需求购置相应的前端视讯采集及通信终端设备。平台可实现“驾驶舱”挂图作战，无人机、执法记录仪等音视频回传，远程视讯可视化指挥等功能。市院依托该平台部署我市贯彻落实长江保护法乌江流域关闭矿山治理专项行动，组织三级四地（市院、第三分院、第四分院、武隆区院、涪陵区院、酉阳县院、彭水县院）开展远程指挥“云”巡查，发现乌江沿岸违规堆放渣石、污水直排、采矿破坏山体等问题线索 5 条。随后，相关院深入排查，共梳理出案件线索 19 条，立案 18 件，开展诉前程序 13 件，提起诉讼 6 件。

（二）统一管理规范流转线索破解统筹难题

公益诉讼线索管理系统搭建在工作网（2.0），于 2021 年 7 月上线运行。具备的线索流转、线索查看及线索操作日志查看功能，实现三级院线索统一管理、研判、分配、流转等功能。在研发初期，通过走访分院、基层院并征求意见，完善线索收集、研判、流转、提示规则，优化检察官操作步骤，有效解决线索来源不足、分析研判不及时等问题，极大拓展了公益诉讼案件线索范围，提升检察官办案效率。2022年，以“数字重庆”为契机，按照“一件事”思维，将原系统迭代升级，构建为“公益诉讼线索举报”集成场景应用，新增线索举报、现场核实、情况反馈、监督评价等功能。2023年，系统共收集线索7500余条，其中刑事案件筛查线索5000余条、成案53件；互联网抓取线索1000余条，智能推送493条，成案19件；收到市河长办等部门移送线索150条，立案15条；三级院巡查录入线索1500余条，成案1366件。

（三）出台“一体化”办案机制提升重大案件办理质效

市院于2023年制定出台了《重庆市检察机关公益诉讼一体化办案工作办法（试行）》，遵循上下一体、指挥有力、统分结合、注重质效的工作原则，通过统筹检察机关人员、技术、装备等资源，对重大公益诉讼案件进行统一指挥、调度，协同推进案件的办理。经市检察院、各分院评估认定为重大案件线索的，采用组织专案方式办理，并统一办案要求、统一调查取证、统一对外宣传，既保障了上级院统一指挥，又加强了参办院的高效协同，有效整合三级检察机关办案力量。在重庆市开州区耕地及自保地资源保护公益诉讼系列专案中，涉及7个自然保护地，问题点位20余处，面积1000余亩。我市三级院首次采用上、下级人民检察院统分结合、充分发挥各自的职能作用的方式办理案件。市院针对涉案的违法占用耕地、基本农田开展调查；第二分院、开州区院分别针对涉案的违法占用林地和破坏自然保护地、其他违规占用土地开展建设、农村违规建房、自然保护地环境破坏等问题进行调查。组建三级院联合一体化调查组 22 人，分为五个调查小组，对筛选的重点调查问题同步开展调查取证工作。累计开展无人机现勘 57 次 30 余小时，拍摄照片 1000 余张，视频 1000 余分钟，走访群众、询问业主及行政机关工作人员 40 人，制作笔录 43 份约 200 页，调取各类书证材料 92 份 1600 余页，与行政机关召开工作协调会 18 次，梳理法律法规、政策文件近 100 部，挖掘发现新线索（国有资产）1 条，确保专案办理整体有序推进，充分凸显对重大案件办理的攻坚克难作用。

（四）迭代升级长江生态检察官制度打造重庆品牌

公益诉讼检察指挥中心建设经过充分的调研和论证，配套长江生态检察官制度改革，以公益诉讼、刑事、民事、行政“四大检察”综合履职为主旨、以公益诉讼检察为主导，开启生态检察一体化履职新模式。一是自动分配推送线索，抓取、分析互联网信息，经数据分析认为有价值的线索，自动推送相关院处理评估。二是跨业务条线提示线索，自动筛查统一业务系统 2.0 刑事案件 60 余个罪名涉及损害公共利益的线索，提示公益诉讼检察部门介入。三是完善协同履职业务规则，明确涉案信息流转跨院、跨业务共享的内容和范围，设置公益诉讼检察部门的介入方式和介入时机，与长江生态公益诉讼检察官制度衔接配套。

（五）借力“数字重庆”打造大数据法律监督模型

市院将“数字重庆”与“数字检察”建设紧密结合，将法律监督模型与“数字重庆”建设的“一件事”场景构建有机融合，找准法律监督模型与“一件事”场景构建的结合点，以“一件事”场景构建和应用为抓手，力争打造具有我市辨识度的法律监督模型。2023 年底在大数据监督模型超市首批上架 9 个监督模型，其中公益诉讼模型 5 个，供全市检察机关使用。模型共筛查问题数据 188 条、研判线索核查 41

条、成案18件、办案挽回国有财产1117.12万元，向行政机关移交线索16条。

三、下一步工作打算

公益诉讼检察指挥中心建设在完善一体化办案机制、探索异地管辖制度、提高公益诉讼办案质效等方面将发挥重要作用，市院积极谋划公益诉讼检察指挥中心二期的建设内容。

（一）力争打通数据壁垒

在前端，将公益诉讼线索举报接口与数字重庆基层智治体系建设对接，力争在每个街镇发展3名网格员成为“益心为公”志愿者，提升线索价值。在后端，积极对接全市公共数据平台，依托三级数字城市运行和治理中心，完成检察机关与行政机关多跨协同，实现数据共享。

（二）完善指挥中心建设

贯彻落实本次会议精神，借鉴外省经验，总结全市近年来公益诉讼案件规律，归纳案件类型，梳理线索研判规则、划分线索预警级别提示，提升线索质量。建立涵盖法律法规、权力清单、类案库，研发案件办理指引提示功能，辅助检察官高效快捷筛查线索、办理案件。

（三）规范指挥中心运用

市院将指导三级院充分运用公益诉讼检察指挥中心，在案件办理中加强组织、指挥、协调、调查，有效整合全市检察机关办案力量，统一调配办案资源，规范提办、交办、转办、督办、跨区划重大案件协作办理事宜和指定管辖，部署开展全市公益诉讼专项行动。市院、分院加强对基层院的业务指导，破除办案阻力，实现案件高质高效办理。

高标准建设指挥中心
数字赋能陕西生态环境检察高质量发展

陕西省人民检察院

2023年，陕西省人民检察院深入贯彻最高检数字检察战略，高标准建成了生态环境检察指挥中心，一级部署三级应用。指挥中心投入使用以来，以数字科技赋能生态环境检察专门化建设和公益诉讼案件高质效办理，取得了明显成效，获评2022年度陕西省检察机关十大改革创新项目，入选2023年度全国政法智能化建设成果展“智慧检务”典型案例，赴北京参展并在展会作交流发言。

一、坚持需求导向，建设突出一个“新”字

2018年，陕西省院在全国率先成立公益诉讼办案协调指挥中心。2022年，结合跨行政区划检察改革，在原指挥中心基础上迭代升级，部署建设信息化、智能化、数字化的生态环境检察指挥中心，作为陕西数字检察中心的一个业务分中心，统筹指挥全省生态环境检察工作。

（一）统筹谋划思路新

省院党组多次专题研究，组织赴山东、福建、湖北等地检察院调研学习，结合工作实际确定建设思路。一是系统融合性，指挥中心纵向贯通全省检察机关，横向打通外部数据壁垒，实现网络融合、数据融合、应用融合。二是技术先进性，综合运用大数据、人工智能、物联网、卫星遥感、三维数字建模等前沿先进技术，保持底层技术的先进性。三是管理统一性，对全省检察机关公益诉讼和生态环境检察案件进行线索统一管理、现场统一调度、资源统一调配、质效统一管控。

四是知识支撑性，建立了秦岭物种知识库、裁判文书库、案例库、专业术语库等 10 个知识库，可以根据案情，智能推送个案取证指引、类案案例、法律条文。五是应用扩展性，明确“1+N”的建设体系，即底层 1 个大数据平台支撑、上层 N 个业务应用扩展。

（二）创新布局架构新

一是两种管辖实现相辅相成。按照陕西跨区划院和区划院职能分工，对各自管辖的生态环境检察案件线索进行分类管理，促进一体履职、接续监督。二是公益诉讼实现“三个一网”。指挥中心对案件线索“一网汇集”、重大案件“一网交办”、办案资源“一网调度”。三是生态环境保护实现“四检融合”。针对生态环境 16 个罪名的刑事检察案件，环境污染责任纠纷等 17 个案由的民事检察案件，涉及生态环境、林业、水利等部门的行政检察案件，以及公益诉讼案件，在指挥中心统一管理，促进综合履职。四是法律监督模型构建实现轻量级应用。指挥中心平台嵌入在线自主建模平台，办案人可根据不同监督点、监督规则，调用各类数据，以拖拉拽方式自主进行轻量级法律监督模型设计、构建。目前通过模型发现 600 余条线索数据，办理环境保护税等案件 130 余件。

（三）数据共享路径新

一是整合内部数据，在检察工作网部署指挥中心平台，对接检察业务应用系统，自动抓取全省检察机关公益诉讼案件信息和生态环境“四大检察”案件信息。二是汇聚行政执法数据，与省政务大数据中心 12345 平台、司法厅、秦岭办、市场监管、生态环境、税务、卫健、文物保护等部门建立数据共享机制，汇聚案件线索、行政执法数据 200 余万条。三是创新应用公共数据，通过“随手拍”、舆情采集平台，收集互联网数据 10 万余条。与自然资源部第一地理信息制图院、西安电子科技大学等单位合作，成立“数字检察和空间信息融合创新中心”，汇集了秦岭地区、黄河流域重点区域的卫星遥感影像、基础地理信息以及相关专题和保护数据。

指挥中心在建设及运行中，得到了最高检公益诉讼检察厅和检察技术信息研究中心的有力指导。目前，我们按照最高检领导的要求，承接实施七省（市）秦岭生态环境检察指挥中心建设。

二、坚持系统导向，机制突出一个“专”字

省院制定《关于推进生态环境检察专门化 以高质效办案服务保障美丽陕西建设的意见》，以生态环境检察指挥中心为中枢，以职能、机构、机制、规则、队伍专门化为抓手，构建生态环境检察监督陕西新格局。

（一）成立生态环境检察专门机构

一是成立指挥中心机构，省院分管生态环境检察和公益诉讼工作的副检察长任指挥中心主任，省院直属分院检察长任副主任。二是省院成立生态环境检察部，负责生态环境“四大检察”案件办理和对下指导。三是设立秦岭南麓、秦岭北麓、关中平原、陕北高原四个由省院直属的基层院，专门管辖涉秦岭、黄河流域跨区划生态环境公益诉讼案件和区划院怠于履职、不便于履职的案件，实现对陕西地域跨区划管辖全覆盖。四是市级院成立生态环境检察办公室，区县院成立生态环境检察办公室或办案团队，统一履行生态环境“四大检察”职能。有效融合了三级院生态环境检察条块力量，形成了上下一体、左右协同、管理顺畅的专门化指挥中心工作体系。

（二）完善相辅相成、一体履职专门机制

省院制定《关于深化跨区划检察院与区划检察院生态环境监督办案一体履职的办法（试行）》，明确管辖分工、线索移送、办理反馈、

立案通报、调查协作、联合办案、基地共建等协作内容，形成了跨区划院集中管辖与区划院属地管辖一体履职、相辅相成的生态环境法律监督工作机制。指挥中心运行以来，跨区划院与区划院协同办案78件，移送案件线索97件。如，陕西省院直属分院发现一批扬尘污染、漏缴环境保护税案件线索后，通过指挥中心向秦岭北麓院、陕北高原院交办10案，向西安、咸阳等区划院移送线索19件，区划院接收线索后进一步摸排，共立案28件，发出诉前检察建议24件，督促追缴环保税555.22万元，案件作为“依法助推大气污染治理”典型案例向全省推广。

（三）制定指挥中心运行管理专门规则

陕西省院制定《生态环境检察指挥中心工作规则》，明确了线索登记、指定管辖、流程监控、工作督查、通报考核等事项。对检察业务应用系统中的案件从线索发现、登记、受理、立案、调查、建议、起诉等全流程“一网管理”。对检察业务应用系统案件可以“一键检索”，对生态环境“四大检察”案件的法律文书、案卡信息等进行质效监控。截至目前，指挥中心通过流程监控、个案抽查等方式，专项督查5次，对办案规范精准、监督质效高的通报表扬，对办案不规范、监督质效低的预警提醒，限期改正。对发现的“应诉不诉”行政公益诉讼案件，均督促依法提起诉讼。同时，总结梳理办案经验，归纳提炼同步召开“公开听证会＋专家论证会”、修复评估引入第三方监督等11条公益诉讼、生态环境检察办案专门程序规则，指导办理高质效案件。

三、坚持目标导向，应用突出一个“实”字

指挥中心以服务业务需求为目标，围绕“高质效办好每一个案件”基本价值追求，坚持平台建设与实战应用同向发力，切实服务检察业务发展。

（一）线索管理措施实

一是按领域管理。目前发现线索信息86415条，其中生态资源领域78802条，食药安全领域1617条，国有财产、国有土地、个人信息、安全生产、文物和文化遗产以及英烈保护等领域5996条。二是按地域管理。对10个市的案件线索设置规则准确分流，对4个跨区划院的案件线索按照秦岭区域、黄河流域设置规则进行分流。三是按层级管理。线索按照省、市、县三级分流、管理。目前全省三级院在指挥中心登记线索1007件，已核实791件，推送检察业务应用系统677件，立案591件，立案率74.72%。

（二）指挥办案方法实

一是整合力量。指挥中心建设了277人的生态环境检察人才队伍，建立了107人的咨询专家库。二是汇集资源。接入无人机150余台、执法记录仪100余台、快检设备130余台等多类型终端。三是指挥调度。部署了可视化指挥调度系统，运用融合通信技术，实现了对办案现场的实时指挥调度和决策指导，目前已现场指挥160案210次。如，在办理督促保护秦蜀古道行政公益诉讼案中，同步与行政机关连线沟通，实时指挥办案人利用无人机倾斜摄影、激光测距和3D建模技术固定证据，该案被最高检公益诉讼五大研究基地评为精品案例。

（三）质效管控效果实

一是通过"四检融合"功能，对检察业务应用系统中的生态环境检察案件进行研判，发现应统筹适用刑事、民事、行政三大法律责任的案件，指导下级院综合履职，办理关联案件。二是通过大数据分析模块，智能分析办案数据，及时指导下级院调整业务重心和办案方向。如，经数据研判，发现2020年以来榆林地区非法占用农用地类案件数据异常，遂交榆林市院进一步分析，为促进系统治理提供决策参考。

三是通过流程管控，指导、督导下级院办理高质效案件。目前省院已督导高质效办案 3 次 203 件。对省院分流的线索重点管理，发现不及时接收、初核、立案、推送检察业务应用系统的，发送提醒消息，要求办案人说明情况、及时整改。

2023 年，最高检张雪樵副检察长，全国人大常委会委员、全国人大环境与资源保护委员会副主任委员吕忠梅来陕调研，对指挥中心建设给予高度评价。行之力则知愈进，知之深则行愈达。下一步，我们将在最高检的领导下，学习兄弟院先进经验，加强跨省检察交流协作，持续优化升级指挥中心功能，充分发挥指挥中心作用，顺应时代潮流加速迈入“数字蓝海”，以数字赋能新时代陕西生态环境检察高质量发展。

案例解读

ANLI JIEDU

加强噪声污染防治公益诉讼
守护人民群众宁静生活

——最高检公益诉讼检察厅负责人就检察公益诉讼助力噪声污染防治典型案例答记者问

2024 年 4 月 23 日，最高人民检察院发布检察公益诉讼助力噪声污染防治典型案例，这批典型案例有哪些特点，下一步将采取哪些措施推进噪声污染防治领域公益诉讼检察工作，最高检公益诉讼检察厅厅长徐向春就相关问题回答了记者提问。

问：噪声污染防治领域检察公益诉讼工作取得了哪些成效？此次典型案例发布的主要考虑是什么？

答：噪声污染防治事关群众生产生活质量，党中央和人民群众始终高度关注。习近平总书记在全国生态环境保护大会上强调，要下大气力解决老百姓“家门口”的噪声等问题。《中共中央、国务院关于全面推进美丽中国建设的意见》提出，持续实施噪声污染防治行动。全国检察机关深入学习贯彻习近平生态文明思想和习近平法治思想，严格实施《中华人民共和国噪声污染防治法》，聚焦噪声防治领域突出问题，积极稳妥开展公益诉讼，取得务实成效。

一是统一部署噪声污染防治领域公益诉讼工作，以法治力量保障安宁和谐环境。随着经济社会发展，噪声污染投诉举报数量持续增长，成为人民群众反映强烈的生态环境问题。2023 年，最高检专题部署各级检察机关聚焦老百姓“家门口”的噪声污染问题依法开展公益诉讼办案工作。各级检察机关针对工业、建筑施工、交通运输、社会生活等领域噪声污染问题办理公益诉讼 940 余件，有力推动解决一批群众急难愁盼问题。二是助推压实噪声污染防治责任，凝聚协同共治合力。

噪声污染的来源多样、类型交织、成因复杂，涉及不同行业和监管部门，容易出现职责不明、衔接不畅等问题。检察机关充分发挥公益诉讼检察督促协同作用，促进有关行政机关依法行政，严格落实噪声污染防治法定职责。同时，结合办案推动完善噪声污染监管责任体系，促进实现各司其职、各尽其责的协同治理效果。江苏省检察院办理噪声污染治理专案，推动13个设区市政府制发文件明确噪声监管责任部门。三是坚持“高质效办好每一个案件”，让公益诉讼办案既有力度又有温度。注重精准规范办案，统筹法理情有机统一，不搞“一刀切”，力争做到守护群众正常生活安宁与服务企业持续健康发展的双赢。江苏省无锡市检察机关办理某汽车企业噪声污染案过程中，推动当地政府及相关行政机关协调场地用于企业货车停放，并将货车道路运行线路评估纳入规划，避免噪声扰民及安全隐患。

此次专题发布检察公益诉讼助力噪声污染防治典型案例，主要考虑以下几个因素：一是发挥工作示范作用，推动各级检察机关更加主动融入服务噪声污染防治行动，以检察履职促进噪声污染防治水平提高。二是发挥办案指引作用，促进各级检察机关更加准确把握噪声污染防治公益诉讼重点和办案方式方法，提高办案质量和效果。三是发挥以案释法作用，促进《中华人民共和国噪声污染防治法》的施行和宣传，增进社会各界对噪声污染防治的关注与认同。

问：本次发布的检察公益诉讼助力噪声污染防治典型案例有哪些特点？

答：此次发布的典型案例共4件，涉及交通运输、建筑施工、社会生活等类型的噪声污染问题，主要有以下特点：

一是聚焦噪声污染防治热点难点问题，回应群众关切。噪声污染防治事关群众生产生活质量。近年来，人民群众对机动车“炸街”、广场舞扰民、夜间违规施工等噪声污染问题反映强烈。本次发布的典型案例中，浙江省义乌市检察院督促行政机关依法协同履职，开展专项整治与长效防治，有效整治机动车“炸街”噪声污染，守护人民群众安宁生活；河北省石家庄市桥西区检察院推动有关行政机关通过常态化日常巡查、设置噪声检测设备等方式，破解困扰群众的广场舞噪声“老大难”问题；江西省鹰潭市检察院针对建筑行业违规作业、夜间施工产生的噪声扰民问题，综合运用听证、检察建议等方式督促行政机关依法查处违法问题，保障居民正常休息。

二是注重借助现代科技和专家力量，破解调查取证难题。噪声污染具有瞬时性、流动性等特点，对调查取证的专业性要求高。本次发布的典型案例中，检察机关通过调配检察技术人员参与办案、邀请“益心为公”专业志愿者提供技术支持、借助技术取证设备等方式，高效完成超标噪声排放的取证工作。江西省鹰潭市检察院检察技术人员对 7 个投诉较多的建筑工地进行分时段、多点位检测，采集检测数据 28 份，查明部分工地超标排放噪声。浙江省义乌市检察院主动邀请环保领域“益心为公”志愿者专家参与指导调查取证，运用数字声级计、经纬相机、摄像机等设备进行多频次、多时段、多点位现场监测，查明机动车“炸街”噪声污染事实。

三是准确适用法律，督促污染防治主体履行整治责任。司法实践中“先路后房、先房后路”等情形的噪声污染防治责任主体认定较为复杂。江苏省南通市经济技术开发区检察院针对城市高架道路噪声污染防治责任主体的认定问题，召开听证会邀请行政机关代表、志愿者、专家学者共同参与论证，依据《中华人民共和国噪声污染防治法》第 26 条等规定，认定在“先路后房”情况下，案涉房地产开发企业有义务采取减振、降噪措施，督促住建部门依法履行监管职责。

四是坚持抓前端、治未病，推动噪声污染系统治理、源头治理。噪声污染问题较容易反弹，涉及行政部门多，需要构建职责明确、齐抓共管、社会共治的噪声污染防治格局。浙江省义乌市检察院通过办案推动行政机关细化明确相关部门监管职责，并划定噪声敏感建筑物集中区域，积极推进声功能区自动监测等工作。江西省鹰潭市检察院推动相关行政机关建立常态化巡查、信息联络、联合整治等多项工作机制，形成了监管合力。河北省石家庄市桥西区检察院助推行政机关深入开展噪声污染防治宣传，完善公园内健身娱乐人员的活动守则，保障社会共治成效。

问：下一步，检察机关将采取哪些举措贯彻执行好《中华人民共和国噪声污染防治法》，深入推进噪声污染防治公益诉讼检察工作？

答：下一步，检察机关将继续坚持从政治上着眼、从法治上着力，找准、抓实检察公益诉讼融入服务噪声污染防治行动的切入点，以高质效办案促进声环境质量持续改善。一是围绕重点，加大噪声污染防治公益诉讼办案力度。坚持把“高质效办好每一个案件”作为检察履职办案的基本价值追求，深化执法司法联动，继续下大气力推动解决群众关心的突出噪声污染问题，积极回应人民群众美好生活需要。二是结合办案，持续推动完善噪声污染防治体系。针对办案中发现的噪声污染防治制度短板和监管漏洞，推动更多地区完成噪声污染监管职责划定，建立健全长效噪声污染防治机制，推动噪声污染防治地方立法和配套制度建设，促进系统治理、源头治理。三是凝聚共识，更大范围汇集噪声污染防治合力。邀请更多人大代表、政协委员和“益心为公”志愿者参与线索提供、听证咨询、跟进监督等办案环节，结合案例加大噪声污染防治法治宣传力度，助推形成人人有责、人人参与、人人受益的噪声污染防治氛围。

守护好中华文脉　服务文化强国建设

——最高检公益诉讼检察厅负责人就文物和文化遗产保护检察公益诉讼典型案例答记者问

6月8日是2024年的“文化和自然遗产日”，今年的主题为“保护文物 传承文明”。最高人民检察院发布了一批文物和文化遗产保护检察公益诉讼典型案例。这些案例中，有哪些值得关注的文物保护故事？检察机关如何与行政机关、社会各界一道，共同守护文化瑰宝？最高检公益诉讼检察厅厅长徐向春就这批典型案例回答了记者提问。

问：最高检发布这一批文物和文化遗产保护检察公益诉讼典型案例的主要考虑是什么？

答：一是深入贯彻落实习近平法治思想和习近平文化思想。党的十八大以来，以习近平同志为核心的党中央高度重视文物和文化遗产保护工作。党的二十大报告提出“加大文物和文化遗产保护力度”。习近平总书记在文化传承发展座谈会上要求“要像爱惜自己的生命一样保护历史文化遗产，加强文物和文化遗产保护传承，守护好中华文脉”。此批典型案例的发布，旨在引导各级检察机关贯彻落实习近平法治思想和习近平文化思想，充分发挥公益诉讼检察职能，以法治力量服务文化强国建设。

二是助力全社会积极营造保护文物、珍爱文物的浓厚氛围。2024年6月8日是“文化和自然遗产日”，各地文物行政部门及文博单位围绕主题“保护文物 传承文明”开展宣传活动。最高检特意在6月8日发布文物和文化遗产保护检察公益诉讼典型案例，目的是表明检察机关坚持与行政机关、社会各界一道，着力于加强文物系统性保护和合理利用，助力传承中华优秀传统文化和中华民族现代文明建设。

三是为文物保护法增设检察公益诉讼条款提供实践样本。文物和文化遗产承载着中华民族的基因和血脉，是不可再生、不可替代的中华优秀文明资源。目前，全国已有22个省级人大常委会通过专项决定，明确将文物和文化遗产保护纳入检察公益诉讼新领域案件范围。此时发布典型案例，可为文物保护法修订增设检察公益诉讼条款提供生动的司法实践样本。

四是引导检察机关高质效办好每一个文物和文化遗产保护案件。2019年10月以来，全国检察机关共立案办理文物和文化遗产保护领域公益诉讼案件1.7万余件。此次筛选的8件案例从法律适用、履职标准、整改效果等方面体现了高质效办案的基本要求，有利于进一步提升全国检察机关办理文物和文化遗产保护公益诉讼案件的精准化、规范化水平，体现新时代新征程检察履职办案的价值追求。

问：此次发布的文物和文化遗产保护检察公益诉讼典型案例主要有哪些特点？

答：一是从保护对象上看，文物类型丰富、文物价值较高。此次发布的8件案例中，保护对象包括了历史建筑、革命遗址、古文物遗址、涉侨文物等，具有较高的社会价值、文化价值、科研价值和经济价值。如，河南省范县人民检察院督促保护的晋冀鲁豫野战军指挥部旧址，是解放战争时期晋冀鲁豫野战军强渡黄河、千里跃进大别山的谋划地，在中国革命战争史上具有里程碑意义；广东省江门市新会区检察院督促保护的是涉侨文物，助力解决涉侨文物产权非国有、保护级别低、修缮资金筹集难等保护困境。

二是从监督事项上看，涉及文物常见违法情形。这批案例监督事项基本涵盖了文物和文化遗产保护中的常见违法情形。如安徽省望江县人民检察院督促保护褒隐寺塔行政公益诉讼案，针对的是因修缮不当造成的破坏文物风貌问题；河北文安县检察院办理的保护古城墙遗址行政公益诉讼案件中，针对的是古城墙被违法占用，建设建筑物并设置电网管线等问题。

三是从监督手段上看，坚持以“诉”的确认体现司法价值引领。针对检察机关制发检察建议后，行政机关到期未整改或整改不彻底，导致文物持续处于受损状态的情形，依法提起诉讼，确保受损文物得到及时有效保护。如，贵州省镇远县人民检察院针对发出检察建议后行政机关以产权纠纷为由拖延整改的情况，依法提起诉讼，推动问题解决；江苏省淮安市淮安区人民检察院针对石塘镇人民政府不履行吴承恩墓文物保护职责的行为，提起行政公益诉讼，体现监督刚性。

四是从价值功能上看，体现了检察公益诉讼补位行政执法的兜底作用。检察机关办理文物和文化遗产保护领域的案件中，始终坚持行政机关维护公益的第一顺位，在行政机关穷尽行政手段仍不能弥补损失时，检察机关可通过提起民事公益诉讼，追究违法行为人责任，实现对文物的有效保护。如，内蒙古自治区达拉特旗人民检察院诉达拉特旗 A 煤矿、B 煤炭公司损毁文物民事公益诉讼案中，在行政机关依法履职但文物保护效能仍明显不足的情况下，检察机关启动民事公益诉讼，创新运用虚拟修缮评估方式对损害程度量化分析，诉请相关企业承担文物保护单位本体灭失的赔偿责任；新疆检察机关针对行政手段无法完全实现文物保护的情形，依法提起民事公益诉讼，确保文物得到科学修复和有效保护，凸显检察公益诉讼独特的制度价值和功能。

问：检察机关在开展文物和文化遗产保护领域公益诉讼工作中有哪些好的经验做法？

答：一是坚持同题共答、协同发力。检察机关与行政机关虽然保护文物和文化遗产的工作方式不同，但工作目的、追求效果完全一致。办案过程中，对行政机关既依法监督又协同配合。今年以来，最高检与国家博物馆签署战略合作框架协议，建立长期稳定的战略合作关系，在文物征集保护、联合办展、学术研究、人才培养等方面广泛开展合作。重庆市城口县和陕西省镇巴县等九县联合会签《关于建立陕苏区红色文物保护公益诉讼检察跨区域协作机制的意见》；安徽省阜阳市人民检察院与阜阳市文化旅游体育局签署《关于建立检察公益诉讼与文物和文化遗产保护协作配合机制的意见》。

二是坚持因地制宜、突出重点。立足文物和文化遗产多样性、地域性等特点，最高检指导地方检察机关结合本地特色以小专项形式开展文物和文化遗产保护行动。围绕五大国家文化公园建设，15省检察机关积极推进长城保护检察公益诉讼工作；涉黄河省（市）检察机关强化黄河文化保护；8省（市）检察机关开展大运河保护公益诉讼检察专项活动。为解决历史建筑保护难题，以北京、上海、天津等地为重点开展历史文化街区保护；为留住记忆和乡愁，以贵州、山西为重点推进古村落保护；为使侨胞台胞心有所属情有归处，在广东、福建等地部署开展涉侨涉台文物保护检察公益诉讼。注重保护全球重要农业文化遗产、世界灌溉工程遗产等特殊文化遗产，最高检指导浙江、江苏等地检察机关积极办理相关领域案件，传承中国特色农耕文化。

三是坚持科技赋能、智力支撑。检察机关在办案过程中，综合运用无人机航拍、卫星遥感等技术手段固定证据，如河北文安县检察院办理的保护古城墙遗址行政公益诉讼案件中，检察机关利用无人机航拍对古城墙现貌、违法点位进行测量绘图，制作现状示意图，对发现的违法点位予以精准标注，并拍摄照片157张，制成“文安县古城墙航拍示意图”推动案件办理。强化智力支撑，积极发挥“益心为公”志愿者检察云平台作用，充分借助“外脑”智慧，最大限度凝聚社会力量，积极打造“多方参与、共治共享”的公益检察保护新模式；深化科技赋能，运用大数据手段，最大限度释放法律监督效能。

问：下一步，检察机关将采取哪些措施推动文物和文化遗产保护领域公益诉讼工作走深走实？

答：保护文物是时代课题，下一步，检察机关将深入贯彻落实习近平法治思想和习近平文化思想，将文物和文化遗产保护检察监督置于经济社会发展大局中统筹谋划和系统推进，不断加大文物和文化遗产保护检察工作力度。

一是持续加大文物和文化遗产公益诉讼办案力度。检察机关要坚守法律监督定位，高质效办好每一个文物和文化遗产保护案件，以能动履职为文化强国建设、民族复兴伟业提供有力司法保障。

二是积极推动完善文物和文化遗产保护法治体系。检察机关将继续推动完善文物保护法、非物质文化遗产法等相关法律法规，助力文物和文化遗产保护法律体系不断完善。

三是更加注重加强文物和文化遗产保护工作协同。进一步增强文物行政执法与刑事司法、公益诉讼检察的衔接协作，联合相关部委适时出台文物和文化遗产保护方面的协作意见；做好流失文物国际追索返还工作。

四是更好发挥司法办案宣传引导作用。最高检拟于今年发布一批“文化强国”指导性案例，向全社会讲好文物保护检察故事，提升社会公众文物和文化遗产保护的法治意识，发挥文化遗产在传承民族文化、增强民族凝聚力方面的重要作用。

调研报告

DIAOYAN BAOGAO

最高人民检察院长江船舶污染治理公益诉讼专案办理情况

长江航运在为经济社会发展提供巨大支撑的同时，船舶污染问题也日益凸显，对长江流域生态环境带来严重威胁，损害了国家利益和社会公共利益。该问题系区域性、行业性难题，需要统筹推动上下游、左右岸、干支流和不同层级、不同部门统一采取行动和措施。2022年5月6日，最高检决定对长江船舶污染问题以公益诉讼立案，四级检察院运用“大兵团”作战模式一体履职，有效推动解决一批船舶污染治理难点、堵点问题，促进全流域联动、多部门协同治理。目前，长江船舶污染治理公益诉讼专案已办结。

一、基本案情

长江是横贯我国东中西的第一大河流，共有通航支流3500多条，干支流通航里程7万余公里，占全国内河通航里程的70%，辐射长江经济带11省市。随着长江黄金水道建设步伐加快，干支流货运量占全国内河总运量三分之二以上，稳居世界内河第一。与此同时，船舶生活垃圾、含油污水、生活污水等污染物总量相应增长，违法排放问题日益凸显，影响长江生态环境和水质安全。第二轮中央生态环境保护督察和长江经济带生态环境警示片都反映船舶污染问题。沿江省市和有关部门积极采取措施，加大力度整治船舶和港口污染突出问题，取得务实成效。但由于流域港口码头众多、船舶流动范围广、监管环节复杂、行政监管部门多，《长江保护法》《防治船舶污染内河水域环境管理规定》《港口经营管理规定》等相关规定未能全面落实。经调查发现，长江船舶污染治理仍然存在以下问题：一是船舶污染物处置不规范。船舶污染物直排长江问题频现，擅自拆除铅封、盲断私接、设置“阴阳厕所”偷排等逃避监管的情况时有发生。同时，船舶污染物接收转运记录不实、处置造假问题较为普遍。二是接收、转运及处置设施建设不完善、运行不佳。部分港口码头未按法律规定配备船舶污染物接收设施，不少港口码头接收设施空转、长期闲置，甚至已损坏。有的港口码头与城市公共运转处置设施未能有效联通，增加二次污染风险，个别存在未经许可排污问题。三是船舶污染物收费模式标准不统一。部分地区没有严格落实船舶生活垃圾免费接收的要求，违规收取费用或巧立名目变相收费。不同地区收费模式和标准不统一，移动接收船收费价格普遍较高，影响船舶交付污染物的积极性。四是违规拆解船舶污染环境。拆船企业未批先建、环评缺失问题普遍存在，遗弃船舶、冲滩拆船污染环境现象多发。违法交易废旧船舶、虚构材料进行注销问题较为突出。

二、办案情况

最高检党组坚持把长江船舶污染治理专案作为全面实施《长江保护法》，服务保障长江大保护的重要举措来抓，采取最高检负责主案、沿江11省市检察机关（省级检察院11家、市级县级检察院519家）同步办理关联案件的“1+N”模式，上下一体，整体推进。

（一）加强组织领导，高效推进专案办理

一是强化动员部署。2022年6月14日，最高检召开专案动员部署会，印发专案工作方案，对专案进行系统谋划和部署。按照助推“配套设施全覆盖、船舶污废全接收、生活垃圾全免费”目标，明确办案重点、办案标准和办案要求。最高检成立专案组，由副检察长担任组长，公益诉讼检察厅厅领导和部分业务骨干参加专案办理。沿江各省级检察院抽调精干力量组成专案分组，负责本省（市）重点案件办理，协调指导市、

县两级检察院办案工作。二是争取重视支持。最高检先后4次举办长江船舶污染治理专题座谈会，听取有关部委和长江经济带11省市有关部门意见，凝聚工作合力。各地检察机关主动向同级党委、人大汇报，为专案推进争取有力支持。坚持双赢多赢共赢理念，加强执法司法联动。江苏省检察院与省海事监管部门会签《长江船舶污染协同共治示范区创建协议》，推动形成衔接顺畅、监管有力的船舶污染防治新格局。三是优化工作方式。最高检加强统筹指挥，建立案件线索台账和重点案件清单，通过挂牌督办、个案指导、定期通报等方式，推动形成上下联动、指挥有力、协作顺畅的一体化办案格局。对于地方推动缓慢或阻力较大的案件，深入一线现场督导。2023年2月，专案组组长带领部分专案组成员赴上海、江苏、安徽、江西、湖南、重庆等地开展现场办案和实地督办工作，"穿线成珠"式精准推进专案办理。

（二）突出问题导向，着力推动系统治理

一是聚焦办案重点，因案施策推动问题解决。最高检专案组采取下发办案指引、工作提示、典型案例等方式，指导各专案分组聚焦船舶污染物直排、船舶污染物接收转运处置不规范、违规拆解船舶污染环境等违法问题开展工作。各级检察机关灵活运用磋商、检察建议、提起诉讼等方式，督促监管部门依法履职整改。对造成生态环境损害的，追究违法主体修复、赔偿责任。江苏省丹阳市检察院对复兴船舶公司违法拆解船舶污染环境问题提起民事公益诉讼，追偿400余万元，获法院判决支持。最高检专案组赴湖南、云南、湖北等地，督促推动解决部分码头接收船舶生活垃圾收费等问题。二是注重由个案办理延伸到类案监督，提升监督层次，推动系统治理。浙江、湖北等地检察机关针对辖区内船舶修造企业未经环评许可，拆解船舶造成环境污染问题，通过公益诉讼办案，推动相关部门开展专项整治，规范船舶拆解行业。江苏省南通市检察机关在办理个案时发现辖区存在骗取审批

和无证经营的码头，推动全市开展专项行动，取缔非法码头39座。三是坚持既抓末端、治已病，更抓前端、治未病。沿江检察机关结合办案，积极推动有关部门着力解决港口码头配套设施运行效能不足、船舶污染物收费标准不统一、“船E行”信息系统未互联互通等政策性问题，助推“接收—转运—处置”闭环管理。湖南省岳阳市检察院办理船舶污染物转运上岸环节二次污染案件后，对全市情况进行全面摸排，提交专题调研报告，推动当地政府加强船舶污染防治基础设施建设。

（三）完善支持体系，提升专案工作质效

一是强化科技赋能。积极运用大数据、无人机、快速检测、卫星遥感等技术手段提升线索发现和调查取证能力。安徽、江西等地检察机关将船舶数据与“船E行”数据信息进行对比分析，快速发现船舶污染物未依法交付处置问题。江苏省无锡市锡山区检察院建立“区块链+长江船舶污染治理”监督模型，批量发现问题线索。二是注重智慧借助。全面推广“益心为公”志愿者检察云平台，志愿者通过提报线索、协助调查、听证咨询、专业论证等形式参与办理相关案件139件。上海市崇明区检察院办理某船舶修造厂非法占用长江滩涂案件时，聘请生态环境专家辅助办案，明确案涉滩涂属于自然资源，未经审批不得私自占用，最终通过提起行政公益诉讼督促属地政府依法拆除违建。三是凝聚社会共识。央视《今日说法》拍摄制作《长江船舶污染治理专案》两集纪录片，在全国首个生态日播出，引起社会广泛关注。沿江检察机关依托“两微一端”主动宣介工作情况和典型案件，营造全民重视、全民参与、全民维护的良好氛围。

三、办案成效

专案期间，检察机关共摸排线索652条，立案602件；其中行政公益诉讼592件、民事公益诉讼10件，提起诉讼16件，均获法院判

决支持。通过办案，督促清理被污染水域、滩涂面积 61 万余平方米，清理淤泥、固体废物等 1400 余吨，危废 200 余吨，有力推动船舶污染系统治理。

（一）监督一批船舶污染物直排等违法问题

针对船舶污染物不符合标准直接排放、收转运记录不实、处置造假、上岸后违规处置等问题，立案 181 件，督促处罚企业 52 家、个人 78 人次、船舶 103 艘，收缴罚款 215 万余元，推动 1745 艘船舶完善防污染设施。贵州省黔西市检察院和织金县检察院联合办案，推动两地海事部门协同执法，解决某公司 7 艘客运船舶运输途中将生活垃圾直排入江问题，并实现数据共享，提升船舶污染治理动态监管能力。在检察机关推动下，湖北 2.9 万艘船舶完成电子铅封，实现水污染“零排放”。结合办案，推动 290 余艘船舶，41 家企业和 20 家行政单位安装“船 E 行”系统。主动延伸检察职能，推动江西、湖北等地海事部门“船 E 行”与生态环境部门危险废物监管系统对接，实现船舶污染物的闭环管理。

（二）推动港口码头船舶污染物接收设施全覆盖

针对船舶污染物接收专用码头建设不符合要求、港口码头船舶污染物接收设施不完善、空转等问题，立案办理公益诉讼案件 112 件，推动港口码头新建船舶污染物接收设施 479 套，加快建设专用码头 89 座、岸电设施 216 套。湖南省长沙市检察院发现辖区内部分港口船舶污染物接收设施不完善的问题后，制发检察建议督促交通部门责令相关单位和企业配置船舶污染物接收储存转运等基础设施，并结合办案推动交通部门投入数千万元对 108 艘船舶岸电受电设施、26 套港口岸电设备、23 套消防设施完成更新改造。江西省彭泽县检察院针对长江沿岸码头沉淀池位置过低存在废水入江的问题立案，通过磋商督促职能部门对全县码头开展专项排查并全部整改，及时消除污染隐患。

（三）推动优化船舶污染物收费模式和收费标准

针对船舶生活垃圾免费接收政策未落实，船舶污染物收费标准不统一问题，最高检先后向沿江检察机关交办线索14件，挂牌督办2件。在专案推动下，浙江、安徽、湖北、重庆、四川等地部分港口码头接收船舶生活垃圾由收费转为免费，长江干支流船舶生活垃圾免费接收基本实现全覆盖。最高检对湖北省丹江口市某公司船舶污染物接收服务收费标准高，隐性收取船舶生活垃圾接收费用问题挂牌督办，经各方共同努力，最终实现全免费。湖北省检察院结合办案中发现的流域不同地区船舶污染物收费价格不统一的问题，推动省交通厅出台文件实施补助，鼓励支持港口码头先行免费或者出台低收费标准。

（四）推动船舶拆解行业规范化

针对船舶拆解作业未经环评、未批先建、占用岸线、冲滩拆解等突出问题，立案办理公益诉讼案件113件，整改、搬迁70家船舶修造企业，取缔非法拆解点7个。江西、重庆、四川等地检察机关在办理最高检交办的船舶拆解案件线索时，发现部分企业在异地进行船舶非法拆解、利用虚假手续进行注销的问题，跨区域协作开展监督，避免500余万元国有财产损失。针对县域范围内的3家船企均未办理拆船环评，其中1家公司一年非法拆解船舶达2500余艘的问题，浙江省淳安县检察院在制发检察建议督促生态环境、商务部门整改后，专门提交调研报告，推动属地政府出台文件明确各部门职责，形成监管闭环。

在专案的推动下，长江船舶污染治理初步呈现上下游、左右岸、干支流协同共治效果，得到了中央领导的充分肯定。沿江检察机关还结合办案，主动为地方立法建言献策。上海、江苏、安徽均出台了船舶污染防治条例，明确了船舶污染物免费接收的种类，细化了部门职责，对区域协作事项作出规定。重庆、浙江等地也正在积极推动地方立法。

全国检察机关 2023 年办理
食品药品安全领域公益诉讼案件情况分析

为认真贯彻落实习近平总书记关于食品药品“四个最严”要求，紧紧围绕应勇检察长和最高检院党组的部署要求，遵循“高质效办好每一个案件”的基本价值追求，公益诉讼检察厅分析研判了 2023 年食品药品（含农产品质量）安全领域公益诉讼办案情况，现报告如下：

一、基本情况

2023 年全国检察机关共立案办理食品药品安全公益诉讼案件 23754 件，占立案总数的 12.5%。其中涉食品（含农产品质量）安全 18827 件；涉药品安全 4927 件。行政公益诉讼案件 19048 件，提出诉前检察建议 14296 件，起诉 37 件；民事公益诉讼（含刑事附带民事公益诉讼）4706 件，诉前公告 4184 件，起诉 2381 件，支持起诉 19 件，提起惩罚性赔偿诉求案件 2040 件。呈现以下特点。

（一）案件数量持续低位

2023 年食品药品安全公益诉讼案件在各领域公益诉讼案件总数中仅占比 12.5%，相比峰值时占比 40%，近三年办案持续处于低位运行。与食品药品安全传统公益诉讼法定领域地位、社会关切度以及法治化治理需求仍有较大差距（见图 1、图 2）。

（二）地区办案数量有明显的区分度

从 2023 年办案数据来看，地区之间办案差距十分明显。辽宁、安徽、广东、新疆、四川等 8 省检察机关办理食品药品安全公益诉讼案件较多，立案数均在 1000 件以上。其中辽宁 2326 件、安徽 1984 件，

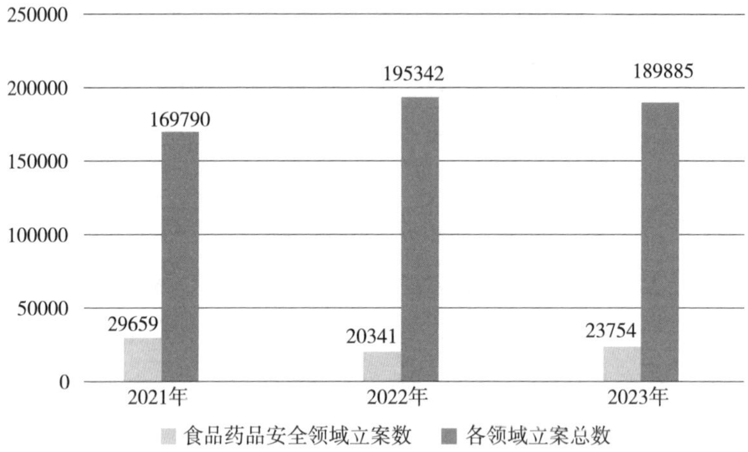

图1　2021—2023年食品药品安全领域公益诉讼立案数与各领域立案总数（单位：件）

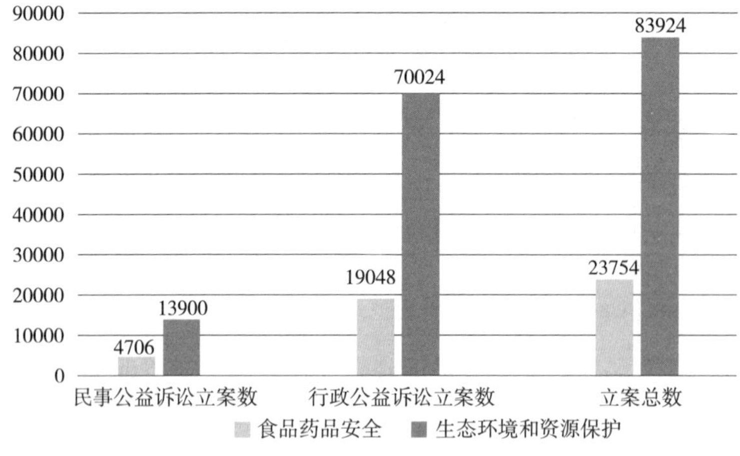

图2　2023年食品药品安全领域与生态环境和资源保护领域公益诉讼立案数对比（单位：件）

广东1696件。而立案数不足300件的有9个省（直辖市、自治区），其办案数量之和与广东相当（见图3）。

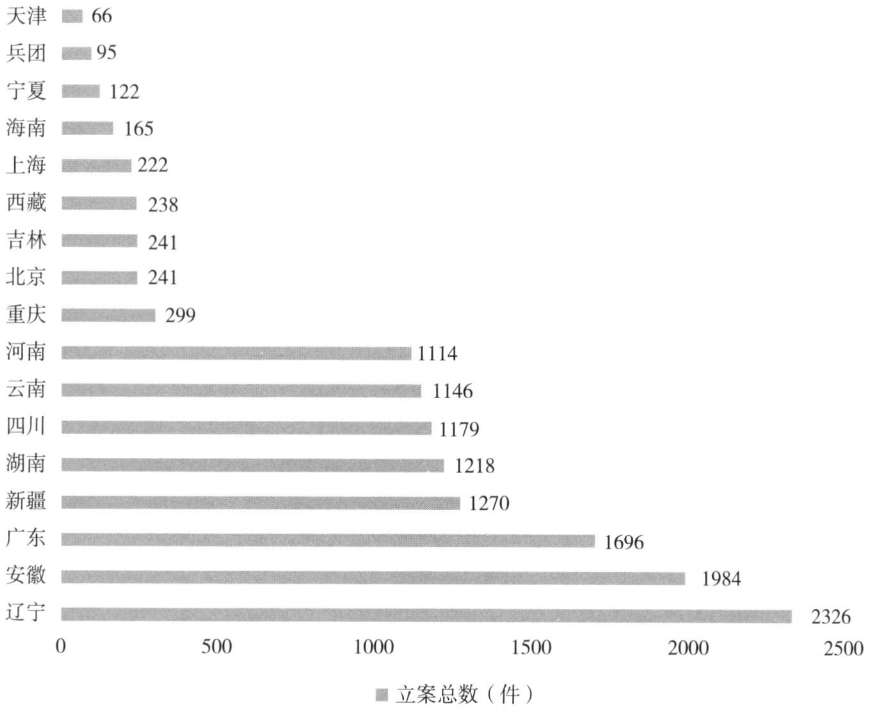

图 3　2023 年部分地区食品药品安全公益诉讼立案情况（单位：件）

（三）案件类型相对单一

从办案类型看，食品药品安全领域公益诉讼办案呈现出线索来源、违法行为对象、涉案违法环节、违法行为主体等方面类型单一特点。一是从案件线索看，主要由检察机关在履职自行发现或从刑事案件中发现。食品药品安全领域民事公益诉讼（主要是刑事附带民事公益诉讼）占比相对较高（见图 4）。二是从违法行为主体看，主要是线上线下实体餐饮店、药店和违规生产销售的自然人及其非正式组织。监督平台经营者、食品药品厂商、广告经营者、批发商等主体违法行为的案件较少。三是从涉案违法环节看，由于生产环节具有较强的隐蔽性、专业性，以及民事公益诉求以销售价款为基础，监督的违法环节主要是销售环节以及资质审批环节，相对单一。生产环节、运输环节、储存环节等检察公益诉讼案件较少。四是从违法行为对象看，主要集中在日常餐饮服务、常见处方药、刑事案件中的假药劣药以及食品、保健品非法添加药品等，监督的违法行为对象类型相对单一。以药品为例，尚未覆盖主要管控药品。五是从诉求类型来看，惩罚性赔偿适用率达85%(见图5)。实践中惩罚性赔偿判决执行率较低。

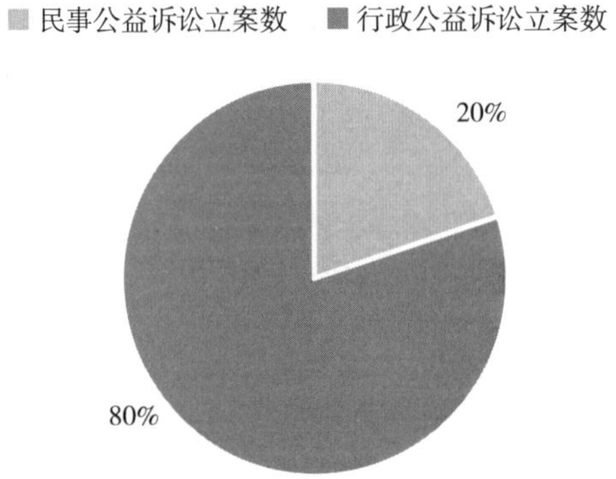

图4-1　2023年食品药品安全行政公益诉讼民事公益诉讼立案占比(单位：%)

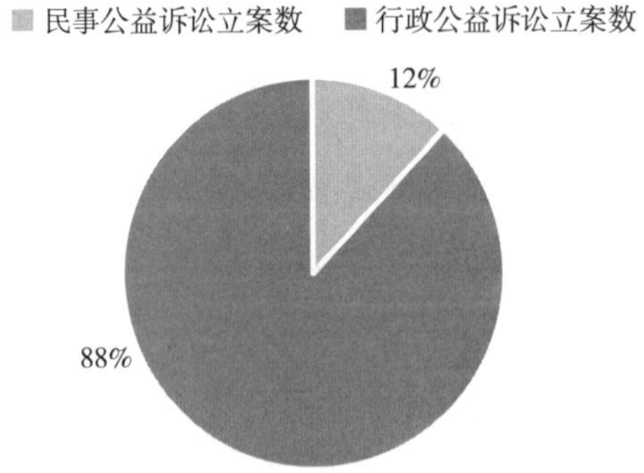

图4-2　2023年各领域行政公益诉讼民事公益诉讼立案总数占比(单位：%)

(四) 重大影响案件不多

从高质效的案件办理情况来看，食品药品安全领域公益诉讼重大影响案件还不多，指导性案例、典型案例较少。一是从指导性案例看，近

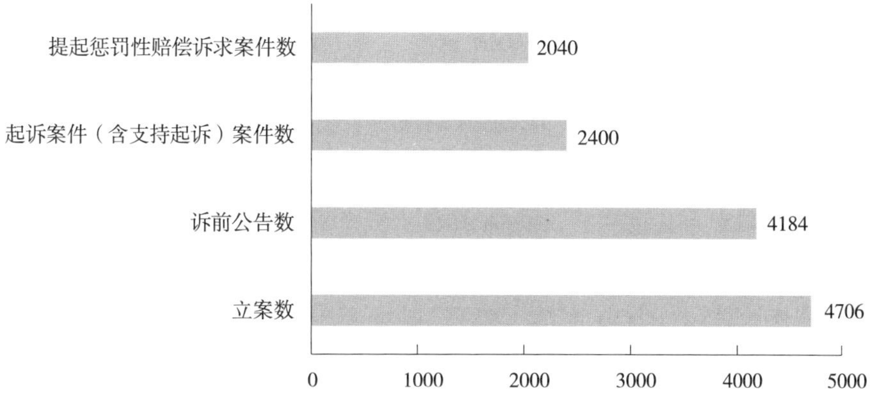

图 5　食品药品安全民事公益诉讼惩罚性赔偿案件情况（单位：件）

三年最高检以公益诉讼主题（不含未成年人公益诉讼检察主题）发布指导案例 4 批 14 件（包括生态环境和资源保护领域 9 件、国土国财保护领域 4 件、安全生产领域 1 件）、英烈荣誉和个人信息保护主题中公益诉讼 1 件、知识产权主题中食品药品公益诉讼 1 件。其中食品药品安全公益诉讼主题仅有 1 件案例，且在知识产权保护主题指导性案例中发布。二是从典型案例发布情况来看，据不完全统计，2023 年最高检以公益诉讼（不含未成年检察公益诉讼主题）为主题发布典型案例 23 批 217 件。而以食品药品安全检察公益诉讼为主题发布典型案例仅 2 批 18 件。此外，在 2 批“公益诉讼守护美好生活”典型案例及行政公益诉讼典型案例等发布食品药品安全相关典型案例 10 件（见图 6）。

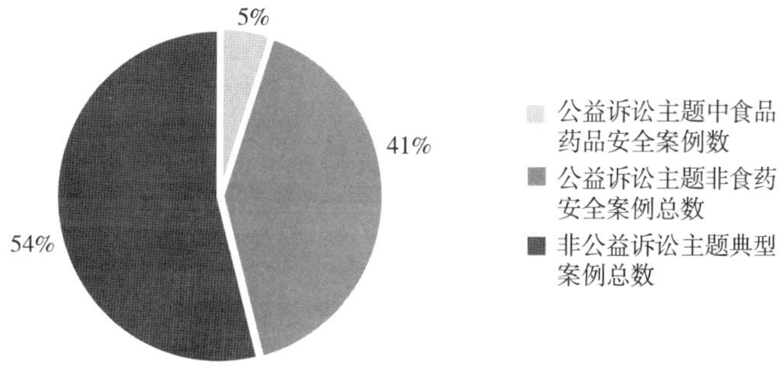

图 6　公益诉讼主题典型案例食品药品安全案例占比（单位：%）

（五）呈现案件回升趋势

从案件的办理趋势来看，各地办案积极性明显提高，案件上升空间较大，具体表现为办案绝对数量开始提升。一是从近三年办案绝对数量来看，2023年立案数、诉前数和起诉数呈触底反弹趋势。二是从食品药品安全类型来看，向更广、更深拓展。在“消”字号抗（抑）菌制剂和违规医美专项监督的引领下，药品安全的内涵从法定药品向抗（抑）菌制剂，医疗器械、化妆品等参照药品管理的产品拓展；从药品自身安全性向违规滥用药物、非法诊疗行为安全拓展。三是从涉案领域来看，涉网络、农村案件逐渐增多。互联网食品药品安全和农村食品药品安全逐渐成为食品药品安全领域检察公益诉讼履职新的着力点。

二、存在的问题

从调研情况来看，食品药品安全领域公益诉讼之所以呈现地方办案不均衡、办案数量持续低位运行、办案类型不丰富、重大影响案件不多等特点，主要问题如下。

（一）思想认识不够，自觉履职积极性低

一是重视不够。部分地区对于食品药品安全公益诉讼作为检察公益诉讼的基本盘，以及对人民群众身体健康的重要性认识不到位，在工作推进中倾向选择线索容易发现、法律关系简单、见效快的工作。二是固步自封。部分办案人员对于社会关切、群众关注和实践的丰富经验视而不见，自己想象设定障碍，自缚手脚。三是杞人忧天。部分办案人员还存在顾虑被监督行政机关情绪、法院判决执行难等问题，缺乏监督履职的主动担当。

（二）专业壁垒较高，案件线索发现较难

相比其他办案领域问题简单可视、可触摸或自动留痕等情形，涉

食品药品安全案件法律事实和因果关系的认定具有较强的专业壁垒，案件线索发现难。一是消费者因相关食品药品违规行为导致损害后果呈现周期长，且与人体自身免疫情况联系密切，缺乏及时辨识违法行为及自身损害的能力。二是检察人员对国家标准、行业技术规范等缺乏足够的专业知识储备。三是案件办理需要检验报告、司法鉴定等技术支持。相比肉眼可见违法行为、损害后果的领域，线索发现更难。

（三）法律关系复杂，精准厘定责任较难

民以食为天，食品药品监管最严，但更加变化万千。复杂精细的法律关系，也导致食品药品安全检察公益诉讼案件厘定各责任主体的责任形式、责任范围相对困难。一是生产经营法律关系复杂。食品药品生产、销售层级较多，涉及的法律关系定性难，较长的经营销售链条各相关法律主体责任如何分配等问题，在司法办案中厘清认定难度较大。二是监督监管责任厘定难。食品药品监管职责在市场监管部门，药品的使用在卫生健康部门、农产品源头监管在农业或林业部门。在当前互联网和快递物流的加持下，食品药品生产经营流通覆盖区域广、线下线上行为交织。这些都导致实践中厘定监管部门责任相对困难。

（四）公益私益交织，统筹“三个效果”较难

不同于其他公益诉讼领域公共利益的纯粹性，食品药品领域公益私益相互交织，实现办案的政治效果、社会效果和法律效果相统一难度较大。一是从惩罚性赔偿制度的功能来看，是激励和补偿消费者，还是惩罚违法行为人存在争议。检察公益诉讼惩罚性赔偿如何管理使用，上交国库、用于公益还是发给受害消费者，亦存在公益与私益的权衡。二是从食品药品安全检察公益诉讼惩罚性赔偿与刑事罚金、行政罚款的关系来看，是否存在一事多罚加重市场经营者负担问题等，

亦存在争议。三是公益维护与传统习惯存在抵触。如腊肉、腌菜等传统饮食与食品安全之间的冲突等，办案舆情风险较大。

（五）法律供给不足，适用依据争议较多

司法必须坚持以事实为依据，以法律为准绳。然而由于立法中的条款过于原则，在食品药品安全领域检察公益诉讼中，因法律供给问题争议较大，一定程度影响了案件办理力度。一是关于食品药品安全中“安全”的共识不足。部分行政机关、审判检察机关，甚至检察公益诉讼办案人员认为食品药品公益诉讼应当严格限定在“安全”范围，即涉案食品药品对人身的“危害性”。二是关于食品药品安全中“药品”的共识不足。仍有执法司法人员以及检察人员因为法律未规定“医疗器械”“诊疗”等而持有不同意见。三是食品药品安全检察公益诉讼缺乏实体法依据。目前无论食安法、消法还是民法典均未对公益诉讼惩罚性赔偿提供明确依据。

（六）队伍素能不高，制度机制保障不力

队伍的素质能力是高质效办案的基础。当前作为办案主阵地的基层检察机关普遍面临办案力量不足、队伍本领恐慌、制度机制保障不足等问题。一是办案力量不足。基层院相对人数较少，有的基层院只有1名检察官办理公益诉讼案件。食品药品安全检察公益诉讼办理不仅要求熟练掌握和运用诉讼法律规则，同时需要熟悉行政规范、专业技术规范，亦需要加强内外沟通协调寻求有专业知识技能的人或组织帮助支持。对办案人员要求极高。二是监督模型构建和应用能力不足。相比其他领域而言，食品药品安全检察公益诉讼则更多需要从产品溯源、数据深层次碰撞着手，而当前高质效的模型建构和应用能力不足。三是制度机制保障不足。部分地方考评考核机制对食品药品安全办案不够友好。相较食品药品安全公益诉讼专业性强、办案难度大，检察

官更倾向办理相对简单容易见效的案件。

2024 年，公益诉讼检察部门将不断加强科技赋能、理论研究、宣传报道为各级检察机关高质效履职提供优质服务保障，通过带头办案、发布典型案例、强化督导指导全力推动食品药品领域检察公益诉讼案件数量、质量、效果全面齐升，稳定检察公益诉讼办案基本盘。

工作研究

GONGZUO YANJIU

加强无障碍环境建设司法保护 检察公益诉讼让爱无"碍"传递

2023年9月1日施行的《中华人民共和国无障碍环境建设法》(以下简称《无障碍环境建设法》)明确提出，对违反本法规定损害社会公共利益的行为，人民检察院可以提出检察建议或者提起公益诉讼。全国检察机关依法履职，积极开展无障碍环境建设领域检察公益诉讼，精准服务保障更多群体的无障碍需求，推动无障碍环境建设实现从"有没有"到"好不好"的转变。2023年共立案办理无障碍环境建设领域公益诉讼案件1900余件，切实以公益诉讼之名保障残疾人、老年人等特定群体合法权益。

一是推动无障碍设施建设系统规划、有效衔接。《无障碍环境建设法》规定:"无障碍设施应当与主体工程同步规划、同步设计、同步施工、同步验收、同步交付使用，并与周边的无障碍设施有效衔接、实现贯通。"但办案中发现，部分地区在建工程未落实有关规定，新建无障碍设施与原有设施未能系统衔接，甚至存在擅自改变设施用途、故意损坏设施等情形，影响了设施功能发挥。如，某地不同行政机关之间缺乏沟通机制，无障碍设施未能同步与周边设施有效对接，导致无法有效使用。检察机关通过诉前检察建议，督促行政机关依法全面履职，推动在建项目按照无障碍设施工程要求整改落实。

二是推动破除无障碍信息交流壁垒。目前，无障碍设施建设关注身体残疾群体需求较多，对于视听觉障碍或老年人等其他特殊人群的需求关注较少。部分地区图书馆、电信业务、自助公共服务终端设备、便民热线等未提供必要的语音、大字、盲文等无障碍功能，特别是老年人在信息交流无障碍方面仍存在诸多壁垒，应有的便利未得到充分保障。如，最高检针对非处方药品说明书"字小如蚁"影响用药安全问题，先后指导江苏、上海、广东、浙江、湖南等地检察机关探索开展公益诉讼，推动一些大型药企率先开展药品说明书“无障碍”改造。又如，浙江省宁波市检察院、湖北省红安县检察院分别针对“119”消防报警、“120”急救呼叫系统缺乏文字报警功能，导致听力、言语障碍人士自主呼救权益难以保障问题，以检察公益诉讼推动相关职能部门完善相应系统的急救无障碍功能。

三是推动提升无障碍社会服务水平。办案发现，普通居民、小型商户对日常生活中出现的无障碍设施关注度较低，部分地区的医疗健康、社会服务等场所未保留现场指导、人工办理等传统服务方式，忽视了残疾人、老年人平等参与社会活动、追求自身价值等精神生活层面的需求。如，广东省广州市海珠区检察院发现，医疗机构信息化智能化技术运用给老年人等特定群体带来挂号难、缴费难等就医障碍，遂通过公益诉讼，督促行政部门依法履职，切实保障老年人及时平等享受医疗健康服务的合法权益。又如，重庆市渝北区部分餐饮商家强制推行扫码点餐并过度收集消费者个人信息，不提供人工点餐服务，致使老年人等特定群体因使用智能手机不便而无法正常消费用餐。重庆市渝北区检察院督促市场监管部门依法履职，责令商家规范使用扫码点餐，保留纸质菜单并提供人工点餐服务。

下一步，检察机关将坚决扛起无障碍环境建设的公益保护责任，充分履行公益诉讼检察职能，监督《无障碍环境建设法》的统一正确实施，推动制度优势更好转化为治理效能。一是拓宽监督领域，整体推动无障碍设施、信息、服务环境建设。对照《无障碍环境建设法》的强制性规定，突出监督重点，在助推无障碍设施规范建设的基础上，向无障碍信息交流和无障碍社会服务领域拓展延伸。二是厘清监管责任，精准选择最优监督路径，对于无障碍环境建设中损害社会公共利益的违法行为，优先启动行政公益诉讼，以磋商、听证、诉前检察建议等方式，督促负有监督管理职责的行政机关履职尽责。对于行政机关穷尽法定监管职能，仍然无法修复受损害的公共利益的，检察机关将依法对民事违法主体提起民事公益诉讼。三是合力推进无障碍环境建设共建共治共享。主动向残联、盲协、老龄委等问计问需，全面摸排无障碍环境建设中存在的问题和案件线索，不断解决残障人群“用得上”问题。主动与住房城乡建设、城市管理等职能部门对接，建立协作机制，同频共振，同向发力，发挥检察公益诉讼督促协同、补充兜底的制度功能，逐步健全无障碍设施监管机制。注重发挥典型案例引导作用，常态化、系统化加强法治引导，引领社会公众从过去关注无障碍“硬件设施”向“观念无障碍”转变，切实保障残疾人、老年人等平等、充分、便捷地参与和融入社会生活，促进社会全体人员共享经济社会发展成果。

突出精准监督和特殊保护　检察机关办理妇女权益保障领域公益诉讼案件千余件

党的二十大报告明确提出“坚持男女平等基本国策，保障妇女儿童合法权益”。2023年1月1日，修订后的《中华人民共和国妇女权益保障法》（以下简称《妇女权益保障法》）正式施行，授权检察机关对侵害妇女权益、损害公共利益的情形提起公益诉讼。2023年，全国检察机关共立案办理妇女权益保障领域公益诉讼案件1400余件，为维护妇女合法权益、促进妇女全面发展提供有力法治保障。

一是促进落实性别平等观念。就业歧视、家庭暴力、性骚扰等损害妇女合法权益。检察机关依法履行公益诉讼职责，促进性别平等观念进一步深化落实。如，某地多家用人单位在网络招聘平台违规发布包含“限男性”等内容的招聘信息，侵害妇女平等就业权。检察机关制发行政公益诉讼检察建议，督促市、县两级人力资源社会保障部门对用人单位和招聘平台进行监督纠正，并启动全市专项排查，推动有同类问题的271家用人单位同步整改。检察办案发现，受“清官难断家务事”等观念影响，反家庭暴力法规定的家庭暴力告诫、人身保护令、强制报告制度在一些地区尚未得到有效落实。如，某地曾有多名女性因遭受家暴多次报警，但公安机关接警后仅以民事纠纷调解处理，未告知享有申请家庭暴力告诫书的权利，对于符合出具告诫书法定情形的亦未依法制发告诫书。检察机关制发行政公益诉讼检察建议，督促公安机关依法落实家庭暴力告诫书制度；同时对6个月内因被家暴重复报警的19名妇女建立专案专档、特殊关注。又如，某地检察机关结合辖区3年来性侵刑事案件以及110性骚扰接处警记录，排查性骚扰问题突出的企业、宾馆等，督促人力资源社会保障、公安等部门分别履职，促成辖区内 109 家用人单位建立并公示防止职场性骚扰制度，确定专门人员处理此类纠纷；对未落实登记制度的旅馆取缔 7 家，罚款、警告处理 54 家，限期整改 9 家。

二是促进深化女职工特殊劳动保护。《妇女权益保障法》明确了女性职工在经期、孕期、产期、哺乳期的劳动权益，明确用人单位应定期为女性职工安排妇科疾病、乳腺疾病检查等健康检查。检察办案发现，部分用人单位落实女职工特殊劳动保护相关规定不到位。有的违规辞退孕期、哺乳期内的女性职工，或者调整工作岗位并降低工资和福利待遇等。检察机关督促人力资源社会保障部门对相关企业开展约谈、责令整改，并加大日常监管力度。

三是推动加强残疾妇女、老龄妇女、农村妇女等群体权益保障。针对个别精神卫生医疗机构对住院精神障碍妇女患者的隐私权、个人信息和人身安全保障不到位，检察机关向卫生健康部门制发行政公益诉讼检察建议，推动涉案医院完善封闭病房探视和巡查制度，加强病区安全防护，要求医护人员签订隐私保密协议和保密承诺书等。针对部分养老机构管理不规范导致发生侵害老龄妇女人身权益问题，检察机关推动公安机关与民政部门建立养老机构人员从业查询、信息互通机制，加强养老机构用人审查。针对部分地区村规民约内容违反法律规定，侵害农村妇女合法权益等问题，检察机关督促当地乡镇政府完善村规民约备案审查等工作，积极维护农村妇女合法权益。

四是促进加强新业态中的妇女权益保障。针对个别月子中心违规经营损害母婴健康权益问题，检察机关通过公开听证，厘清相关部门在医疗、消防、食品、人员资质等方面的监管职责，督促各司其职，完善行业监管。针对一些电竞、剧本娱乐企业发布含有矮化女性地位、贬损妇女人格尊严等低俗内容广告的行为，检察机关推动文化主管、市场监管等部门协同履职，完善监管机制，切实保障新就业群体和新业态女性消费者的合法权益。

下一步，检察机关将进一步深入贯彻《妇女权益保障法》等法律法规，充分发挥法律监督职能，为维护妇女合法权益、改善妇女发展环境贡献检察力量。一是针对《妇女权益保障法》明确规定的检察公益诉讼监督具体类型，按照法律授权积极履职，突出司法办案重点，加强精准监督和特殊保护。二是充分发挥检察一体优势，健全检察机关内部线索审查移送机制，注重在审查涉及妇女权益保障的刑事、民事、行政案件时，同步发现公益诉讼案件、司法救助线索，实现惩治违法犯罪和保护妇女权益的多重效果，提升妇女权益保护效能。三是加强执法司法协作，推动形成妇女权益保护合力。主动加强与妇联、公安、法院、卫生健康、民政、人力资源社会保障等部门的协作配合，完善案件线索移送、信息共享、联合调查、专业支持等工作机制，推动建立健全妇女权益保障社会支持体系。联合多部门深入开展妇女权益保障法治宣传，积极营造良好法治环境，凝聚妇女权益保护整体合力。

理论与实践深度融合 促推检察公益诉讼立法*

——2023年公益诉讼检察理论与实践发展综述

徐向春**

党的二十大报告专门强调“加强检察机关法律监督工作”“完善公益诉讼制度”，对制度发展提出新的更高要求。2023年是全面贯彻落实党的二十大精神的开局之年，公益诉讼检察工作迈过了全面实施六周年的时间节点，检察公益诉讼立法工作全面推开，制度实践与理论研究均呈现蓬勃发展态势，取得新进展新成效。

一、2023年检察公益诉讼实践发展情况

（一）以专门立法为牵引，持续为检察公益诉讼夯实基础、凝聚共识

2023年对于推动检察公益诉讼专门立法而言是十分重要的一年。2023年年初，中央政法委印发的《政法领域立法规划（2023—2027年）》明确提出制定检察公益诉讼法；2023年9月，《十四届全国人大常委会立法规划》正式公布，将“检察公益诉讼法（公益诉讼法，一并考虑）”列入一类项目，标志着检察公益诉讼立法迈入崭新阶段。最高人民检察院专门组建领导小组，成立立法研究工作专班全力推进相关工作，目前已完成立法建议稿的起草和征求意见工作，并于近期提交全国人大监察和司法委员会。一是在更广范围内凝聚共识。同年9

---

* 原文刊载于《人民检察》2024年第2期。

** 徐向春，最高人民检察院公益诉讼检察厅厅长、一级高级检察官。

月21日，中国法学会、全国人大监察和司法委员会、最高人民法院、最高人民检察院联合举办检察公益诉讼立法专题研讨会，邀请多位知名专家学者就“检察公益诉讼是习近平法治思想在公益保护领域的生动实践和原创性成果”重要论断以及检察公益诉讼实践发展、制度建设和理论研究中的重点问题开展专题研讨和论证。中国法学会受最高检委托组织召开了立法专家咨询论证会，邀请相关部门法的知名专家教授以及实务部门专家围绕最高检立法建议稿展开逐条论证。最高检还邀请最高法、司法部等7部门召开起草工作座谈会，充分听取各方意见。二是坚持问题导向深入开展调研。与最高法组成联合调研组就专门立法相关重点问题进行联合调研，全面梳理汇总公益诉讼检察实践和审判实践中需要通过立法解决的问题。三是深化理论研究。召开检察公益诉讼立法重点问题研讨会，组织6个高校检察公益诉讼研究基地、检察基础理论研究基地的专家学者进行研究，形成专题报告。与检察理论研究所共同举办检察公益诉讼现代化与检察公益诉讼立法研讨会，对立法重点难点问题进一步开展深入细致的研讨。

（二）以高质效办案为抓手，有重点、分层次做深做强做优各领域办案工作

全国检察机关深入贯彻落实“高质效办好每一个案件”的新时代新征程检察履职办案基本价值追求，巩固“稳”的基本盘，蓄积“进”的新动能，毫不动摇地坚持和强化质效优先导向，做优做强各领域办案工作。一是案件结构持续优化。生态环境和资源保护、食品药品安全、国有财产保护和国有土地使用权出让四大传统领域办案数量稳健，仍占立案总数的60%以上。食品药品安全领域立案数明显上升，2023年最高检以食品药品安全为切入点加强消费领域公益诉讼，深化“消”字号抗（抑）菌制剂非法添加公益诉讼检察专项监督活动，赢得人民群众广泛欢迎。二是法定领域继续拓展。随着检察公益诉讼条款被写

入2023年9月1日起正式施行的无障碍环境建设法，检察公益诉讼法定领域扩展到了“4+10”。除了14个法定领域之外，检察机关积极稳妥在其他领域展开探索，如2023年9月，最高法、最高检、公安部联合发布《关于依法惩治网络暴力违法犯罪的指导意见》，规定检察机关对损害社会公共利益的网络暴力行为可以依法提起公益诉讼。三是着力开展高质效办案督导工作。2023年，最高检召开全国公益诉讼检察高质效办案业务督导会4次、现场会1次，根据摸排线索、立案调查、磋商建议、推动整改、效果深化、深度宣传等不同办案阶段，逐案进行有针对性的指导，并适时下发办案要求工作提示和通报办案动态等，以省级检察机关自办案件为重要抓手，以点带面，推动各级检察机关高质效办理一定数量的、有代表性的、有影响力的案件。

（三）以机制建设为新动能，为公益诉讼检察工作高质量发展提供制度保障

检察机关始终坚持问题导向，推动公益诉讼检察工作高质量发展，以检察工作现代化更好服务中国式现代化。一是强化案例指导和引领。以“守护国财国土、助推惠民政策落实”为主题发布第四十六批指导性案例，并发布无障碍环境建设、文物和文化遗产保护、食品药品安全、个人信息保护、生态环境保护、生物多样性保护等检察公益诉讼典型案例23批，为各领域办案提供参考和借鉴；值得一提的是，2023年12月最高法、最高检首次联合发布行政公益诉讼典型案例，指导各级法院、检察机关提升办理行政公益诉讼案件的精准性、规范性，引导行政机关规范用权，实现双赢多赢共赢。持续巩固深化“为民办实事 破解老大难”公益诉讼质量提升年专项活动成果，层层把关筛选出100件“百案评析”、10件“十案示范”精品“硬骨头”案件，突出示范引领价值，起到提升制度影响力和美誉度的良好成效。二是完善具体领域办案指引。如在前期深入调研的基础上，制定19条非法采矿类

检察公益诉讼办案指引，完善制度，深化非法采矿源头治理。三是部署开展第一届全国检察机关公益诉讼检察业务竞赛，评选出10名“全国公益诉讼检察业务标兵”、40名“全国公益诉讼检察业务能手”，提升公益诉讼检察人员的法律监督能力和专业水平。四是深入推进“益心为公”平台建设。2023年该平台在全国全面推广上线以来，全国检察机关共招募注册“益心为公”志愿者11万余人，志愿者通过该平台提报各类线索1.8万条，持续扩大制度公众基础，践行全过程人民民主。

二、检察公益诉讼理论研究发展情况

高质量的理论研究既是对实践经验的总结提炼，也为检察公益诉讼立法提供坚实的理论支撑。2023年，在推动检察公益诉讼立法大背景下，关于制度的相关研究从基础理论到具体实践，研究范围不断扩展，对检察实践中具体问题的研究不断加深，学术界关注度大幅提升，总体上呈现繁荣发展态势。

（一）检察公益诉讼制度的基础理论问题

一是关于制度价值和基础。检察公益诉讼制度从顶层设计到实践落地，从局部试点到全面推开，从初创开拓到发展完善，成为习近平法治思想在公益保护领域的生动实践和原创性成果，[①] 体现了鲜明的“依法治国的中国式现代化”特征。[②] 有论者对检察语境下法律监督的

---

① 参见应勇：《以习近平法治思想为指引加快推进检察公益诉讼立法》，载《学习时报》2023年10月20日，第1版。

② 参见张雪樵：《完善公益诉讼制度 推动中国式现代化》，载《行政法学研究》2023年第2期。

规范内涵以及功能展开了较为详细的论述。[①]

二是关于制度的实施模式。从发展趋势来看，检察机关应当融合行政公益诉讼模式和民事公益诉讼模式的内在制度优势，形成一种以一体化和整体性为特征的检察公益诉讼综合模式。[②] 有论者认为，从成本控制和确保预期诉讼价值的角度，行政公益诉讼相较提起民事公益诉讼而言都更具优势。[③] 当前，公益诉讼授权单行立法呈现显在的“民事化”倾向，但司法实践却存在显在的“行政化”，未来我国公益诉讼在坚持“行政化”这一格局下，应进行一定的改造。[④] 有论者以环境检察公益诉讼为样本，认为检察机关应通过调整公益诉讼检察履职方式，借助支持起诉强化公众参与；同时，为弥补社会团体在公益代表性方面较之于检察机关主导模式的不足，需要明确法官以公共利益监护者的身份主导环境公益诉讼。[⑤]

三是关于预防性公益诉讼。为更好实现环境风险治理目标，有论者提出，将预防性公益诉讼的类型从民事公益诉讼拓展至行政公益诉讼，将其受案范围从危害控制型拓展至风险控制型，将其责任形式从程序救济拓展至实体防御。[⑥] 有论者建议从构建生态环境预防性私益诉讼、强化环境民事公益诉讼的风险救济能力、在生态环境损害赔偿

---

① 参见付盾、张义清:《检察语境下法律监督的范畴阐释与功能展开》,载《社会科学家》2023 年第 3 期。

② 参见汤维建:《检察公益诉讼实施模式研究》,载《学术交流》2023 年第 1 期。

③ 参见乌兰:《检察公益诉讼程序选择的法经济学省思》,载《社会科学家》2023 年第 5 期。

④ 参见张嘉军:《公益诉讼授权单行立法的“民事化”及其消解》,载《国家检察官学院学报》2023 年第 3 期。

⑤ 参见占善刚、张梦智:《检察公益诉讼“行政化”之反思》,载《内蒙古社会科学》2023 年第 6 期。

⑥ 参见李丹:《国家治理体系中预防性环境公益诉讼的规范构造》,载《法学评论》2023 年第 2 期。

诉讼中嵌入预防性救济功能等方面实现环境民事司法的预防性转向；从扩张原告资格、设定弹性管辖、放宽受理条件、延展启动时机、建立被告资格审查机制等方面实现环境行政司法的预防性转向。① 为进一步发挥风险预防原则的作用，有论者建议以环境保护法中的预防原则为接口，塑造风险预防原则在环境法典中的文本表达方式。②

“重大风险”的认定一直是预防性环境民事公益诉讼的核心问题。预防性公益诉讼的制度化应关注“重大风险”认定、预防主体和预防目标三个核心问题，并且在界定和识别“重大风险”的基础上构建“重大风险”的证明责任规则。③ 有论者认为，应当重构因果关系认定机制，合理分配证明责任，彰显“重大风险”事实认定的环境公益价值取向。④ 有论者对“环境重大风险”的认定规则展开了研究，提出从事实审查和规范评价两个层面进行综合评价与认定；⑤ 也有论者从内涵厘定、认定标准、确信机制三个方面提供了方案。⑥

（二）检察公益诉讼立法重点问题

1. 制定检察公益诉讼法的必要性和可行性。关于立法路径选择，大部分论者认为基于理论与实践发展现状，目前制定一部包罗万象的

① 参见马腾、陈海嵩：《论生态环境司法的功能递进——由补救性司法向补救性与预防性司法转变》，载《学海》2023年第3期。

② 参见王灿发、张祖增、王政：《风险预防原则在环境司法适用中的审思与突破》，载《长白学刊》2023年第3期。

③ 参见杨治坤：《预防性公益诉讼预防功能的展开——基于典型预防性公益诉讼裁判文书的分析》，载《江汉论坛》2023年第12期。

④ 参见康景文：《论预防性环境民事公益诉讼中“重大风险”的认定——以事实认定的正当性为视角》，载《河南社会科学》2023年第4期。

⑤ 参见张旭东、郑烽：《预防性环境民事公益诉讼中环境重大风险认定研究》，载《中国地质大学学报（社会科学版）》2023年第2期。

⑥ 参见韩康宁、冷罗生：《论预防性环境民事公益诉讼中“重大风险”的司法认定》，载《中国人口·资源与环境》2023年第7期。

公益诉讼法时机尚不成熟，[①] 应先制定检察公益诉讼法。检察公益诉讼制度具有公益代表、监督制约、诉讼模式等创新价值，如果能够单列为诉讼法，将是一项影响世界的具有重大创举意义的制度。[②] 当前，检察公益诉讼的适用范围呈现不断扩大的趋势，亟须立法调整；同时，立法规定检察机关提起公益诉讼的规则，有利于实现检察公益诉讼制度的法定化、体系化。[③] 检察公益诉讼专门立法具有充分的理论准备和制度基础，制定一部具有中国特色、满足时代需求、符合人民意志的检察公益诉讼法的各项条件已经比较成熟。[④] 此外，有论者梳理了25个省级人大常委会关于检察公益诉讼的专项决定，认为这些专项决定具有检察公益诉讼"制度法""地方法"的特点，[⑤] 这些地方性法规也为检察公益诉讼立法提供了有益经验。

2. 检察公益诉讼立法基础理论问题。一是关于检察公益诉讼法的定位和内容。有论者提出，检察公益诉讼法应定位为公益诉讼法的特别法和"三大诉讼法"的特别法。[⑥] 作为特别程序法的检察公益诉讼法，要承担公益诉讼法所调整的程序内容，应当能够解决公益诉讼立法的问题，检察公益诉讼特别程序应当包含并建立在公益诉讼特别程

① 参见马怀德:《检察公益诉讼立法的三个基本问题》，载《人民检察》2023年第21期。

② 参见徐显明:《检察公益诉讼中的法理问题》，载《中国法律评论》2023年第6期。

③ 参见王利明:《制定检察公益诉讼法的必要性与可行性》，载《人民检察》2023年第21期。

④ 参见马怀德:《检察公益诉讼立法的中国方案》，载《行政管理改革》2023年第10期。

⑤ 参见胡卫列:《检察公益诉讼地方立法研究》，载《国家检察官学院学报》2023年第3期。

⑥ 参见刘艺:《检察公益诉讼法的规范定位与基本原则》，载《人民检察》2023年第21期。

序的一般性规定基础之上；[①] 其与民事诉讼法、行政诉讼法在诉讼程序上形成“一般规定”和“特别规定”的关系。[②] 在内容方面，有论者认为，制定检察公益诉讼法应兼顾程序规则和实体规则，统筹检察行政公益诉讼和检察民事公益诉讼，平衡立法的稳定性和灵活性。[③] 着重解决检察公益诉讼保护对象的界定与类型化问题、检察机关与行政机关和社会组织的公益诉讼实施权配置问题、检察公益诉讼中审判权定位与职能变革问题、检察公益诉讼与刑事责任的协调问题。[④] 有论者认为，可以在专门立法中赋予检察机关以程序选择权，民事公益诉讼也可以建立某种诉前警告机制。[⑤] 也有论者关注到检察公益诉讼立法与环境法典编纂工作的统筹与协调问题，提出环境公益诉讼作为检察公益诉讼的特殊类型，在检察公益诉讼立法中进行实体性规范，在环境法典中规定专门程序，并运用普通法与特别法的立法技术，建立相互转介或引致条款，形成协同关系。[⑥]

二是关于检察机关在检察公益诉讼中的身份定位。有论者提出，检察机关不是法律意义上的利害关系人，其提起公益诉讼是基于法律监督职责的履行及其职权的行使，而并非救济权利的行使，故应以区

---

① 参见肖建国：《检察公益诉讼审判和执行中的特殊规则》，载《人民检察》2023年第21期。

② 参见湛中乐：《检察公益诉讼立法应把握好五对关系》，载《人民检察》2023年第21期。

③ 参见孙佑海、张净雪：《检察公益诉讼专门立法的理论基础和法律框架》，载《国家检察官学院学报》2023年第3期。

④ 参见景汉朝：《加快推进检察公益诉讼立法进程 助力国家治理体系和治理能力现代化》，载《人民检察》2023年第21期。

⑤ 参见吴俊：《民事公益诉讼的实体性分析》，载《国家检察官学院学报》2023年第3期。

⑥ 参见吕忠梅：《检察公益诉讼立法应解决的基础理论问题及建议》，载《人民检察》2023年第21期。

别于原告的特殊身份参与公益诉讼。[①] 也有论者认为，检察机关具有公益诉讼起诉人与法律监督机关的双重身份。[②]

3. 检察公益诉讼立法重点制度问题。一是关于案件范围。检察公益诉讼的受案范围直接影响公益维护效果、监督方式、检察机关监督力度等，需要通过科学的立法技术将其明确在法律规范之中。有论者认为在“列举式”“概括式”“列举式＋概括式”三种模式中，应选择“列举式＋概括式”来平衡稳定性与灵活性、兼顾明确性和开放性。[③] 也有论者认为应采用“概括式”的模式，所有涉及公共利益的，在没有主体提起诉讼的情况下，检察机关应提起公益诉讼。[④]

二是关于调查权。影响检察机关调查权设置的因素主要包括检察机关的定位、举证责任与证明标准三个方面，可据此对检察机关调查权予以规范。[⑤] 公益诉讼中的调查权是法律监督权的重要组成部分，在调查方式上应包括直接调查和委托调查，在调查过程中应当坚持专业性、参与性，在程序设计上可以参考监察权以凸显法律监督权的权力属性。[⑥]

三是关于审判程序。在检察公益诉讼立法中，需要对起诉条件、诉权顺位、诉讼请求、诉讼模式、举证责任分配、判决效力、二审范

---

① 参见王周户、杨思怡:《检察公益诉讼程序中的检察职权及其运行规律》，载《人民检察》2023 年第 21 期。

② 参见于文轩:《环境法视域下检察公益诉讼的立法定位及程序规划》，载《人民检察》2023 年第 21 期。

③ 参见马怀德:《检察公益诉讼立法的三个基本问题》，载《人民检察》2023 年第 21 期。

④ 参见江必新:《重点关注十一个问题 推动公益诉讼制度行稳致远》，载《人民检察》2023 年第 21 期。

⑤ 参见练育强、林仪明、马慧颖:《公益诉讼中检察机关调查权的规范研究》，载《人民检察》2023 年第 21 期。

⑥ 参见王敬波:《公益诉讼立法的四个基本问题》，载《人民检察》2023 年第 21 期。

围、再审程序等问题予以考虑。[①] 有论者认为，因检察公益诉讼涉及多方利益关系，需要详细调查和收集证据，不宜适用简易程序审理检察公益诉讼案件。[②]

四是关于执行程序。公益诉讼的执行有时是一个长期恢复治理的过程，要有专门基金、专业组织和机构，而且要建立检查审计等配套机制；[③] 此外，还要建立检察公益诉讼判决执行监督机制，发动社会公众参与监督。[④] 公益诉讼判决的可执行性判断标准应当有别于私益诉讼，且有必要在检察公益诉讼法中对公益诉讼判决所需的特殊执行措施加以规定。[⑤]

4. 行政公益诉讼与民事公益诉讼中的特殊问题。第一，行政公益诉讼。一是关于行政公益诉讼的诉讼参加人。行政公益诉讼依照救济利益的不同，可以分为主观行政公益诉讼与客观行政公益诉讼，前者以修复受损国家利益为价值导向，后者以维护社会公共利益为诉讼目标。[⑥] 关于行政公益诉讼的原告资格，有论者认为，赋予检察机关行政公益诉讼起诉权具有宪法基础，在我国社会个体公共意识有待增强、诉讼能力有待提高的现实背景下不失为一个合理选择。[⑦] 关于行政公

---

① 参见肖建国:《检察公益诉讼审判和执行中的特殊规则》，载《人民检察》2023年第21期。

② 参见吴勇:《检察公益诉讼审判与执行的理念及特殊规则》，载《人民检察》2023年第21期。

③ 参见江必新:《重点关注十一个问题 推动公益诉讼制度行稳致远》，载《人民检察》2023年第21期。

④ 参见吴勇:《检察公益诉讼审判与执行的理念及特殊规则》，载《人民检察》2023年第21期。

⑤ 参见肖建国:《检察公益诉讼审判和执行中的特殊规则》，载《人民检察》2023年第21期。

⑥ 参见冉崇潇:《基于主客观诉讼划分的行政公益诉讼类型化》，载《华侨大学学报（哲学社会科学版）》2023年第1期。

⑦ 参见高志宏:《行政公益诉讼中检察机关的角色定位与职能重构》，载《南京大学学报（哲学·人文科学·社会科学）》2023年第5期。

益诉讼的被告，有论者提出，不能简单套用普通行政诉讼的被告资格理论，而须结合监管职责、受案范围、行为类型等要素进行综合考量，其中，厘清“监管职责”是确定被告资格的前提。[①]

二是关于行政公益诉讼的诉前程序问题。有论者认为，应将诉前程序从诉讼场域转向治理场域，实现从司法审查到协同治理、从程序警示到实质性救济、从事后救济到风险预防的三重转变。[②] 有论者建议确定诉前检察建议的制发对象应采用“全部模式”，制发次数坚持“一次为原则、多次为例外”，以确保行政公益诉讼诉前程序的制度功能得以有效发挥。[③] 关于检察建议的类型，有论者认为，可以根据检察权的两种运行品格，分别匹配不同类型的检察建议：基于刚性监督者的运行品格，检察机关履行判断型监督，与之相匹配的是闭合型检察建议，重法律属性、可衔接性，以实体处分权补强刚性；基于柔性监督者的运行品格，检察机关履行指导型监督，适用开放型检察建议，重说理性、共商性，以协同公开机制推进建议落实。[④] 有论者发现，检察权与行政权的关系是动态变化而非一成不变的，在诉前协商前，应坚持以行政权治理为主导、以检察权监督为补充；在诉前协商中，应遵循检察权与行政权地位平等的基本原则；在诉前协商后，应遵循检察权主动监督，行政权被动履职的基本原则。[⑤]

三是关于行政公益诉讼中“不依法履行职责”的认定标准问题。

---

① 参见刘艺：《行政公益诉讼被告适格的实践分歧与规则建构》，载《清华法学》2023 年第 1 期。

② 参见陈冬、李岩峰：《国家治理视野下检察行政公益诉讼诉前程序功能省思——以环境公共利益救济为例》，载《财经理论与实践》2023 年第 3 期。

③ 参见刘加良、李畅：《行政公益诉讼诉前检察建议的规则调适》，载《河北法学》2023 年第 11 期。

④ 参见秦前红、王雨亭：《检察建议类型的制度反思及功能性重构》，载《中南民族大学学报（人文社会科学版）》2023 年第 6 期。

⑤ 参见秦天宝、杨茹凯：《系统论视角下检察权与行政权良性互动的实现——以行政公益诉讼诉前程序为场域》，载《学术研究》2023 年第 6 期。

有论者认为，有关“行为—结果标准”的学术论争普遍将“不依法履行职责”作为单一的行为来对待，忽视了行政诉讼法第25条第4款中“不依法履行职责”包括行为、结果、因果关系等多个构成要件的特点，应当回归这一基点并由此明晰“不依法履行职责”的实质意蕴。[①] 有论者认为，应将“不履行”类型化分为未履职、未有效履职、履职但有瑕疵、未及时履职和不回复检察建议等类型；[②] 以环境行政公益诉讼为例，在判定行政机关是否依法履行职责时，要以环境行政公益诉讼制度目的为基础，同时考量行政机关无法行使职权，以及行政机关行使职权无法改变公益受损现状的两种客观情形，进而为检察机关判定行政机关是否依法履行职责设定两重进路。[③] 有论者提出，应当树立权责一致理念，严格区分“监管职责”与“管理职责”；明确将“是否具有履行职责可能”的认定纳入审查范围，科学合理确定履职期限；采用行为主义的裁判标准，“明确回复检察机关建议”只能作为程序性规则的要求。[④] 也有论者认为，我国“政策实施型”司法模式决定了法院应当采用以结果标准为原则，以行为标准为例外的混合标准，以是否有效保护公共利益作为衡量行政机关是否依法履职的标准，把穷尽行政监管手段和客观因素超出主观能力等作为尽职免责的合理考虑。[⑤] 在诉讼阶段，有论者认为，对“不依法履职”的判断标准应当适用结果有效性标准，但不同于以公益遭受侵害、倒推行政行为违法

① 参见刘本荣：《行政公益诉讼中“不依法履行职责”认定的实质回归及其展开》，载《行政法学研究》2023年第3期。

② 参见伍华军、荣锦坤：《论行政公益诉讼中“不履行法定职责”判定标准的构建》，载《重庆社会科学》2023年第3期。

③ 参见王灿发、王政：《论环境行政公益诉讼诉中“不依法履行职责”的判定标准》，载《人权法学》2023年第5期。

④ 参见周杰普、姜彩云：《环境行政公益诉讼中“不依法履行职责”之认定》，载《学习与探索》2023年第3期。

⑤ 参见李大勇：《论行政公益诉讼“不依法履职”的评判标准》，载《行政法学研究》2023年第3期。

的结果标准，而是强调在诉前行为标准的基础上，通过结果有效性标准吸收行为有效性标准和全面性标准，从而提高判断的针对性。[①]

此外，还有论者对行政公益诉讼起诉期限[②]、环境行政公益诉讼判决中存在确认违法与履行职责的不当并用[③]等问题展开了研究。

第二，民事公益诉讼。一是关于民事公益诉讼的实体规则。有论者认为，检察机关在民事公益诉讼案件中应当享有和解实施权、调解实施权、诉讼实施权，但不宜赋予仲裁实施权；在以保全或执行公益诉讼裁判确定的给付请求权为宗旨的衍生性民事司法程序中，检察机关仍应当履行形式当事人的法定职责，以全面维护社会公共利益。[④]有论者认为，践行“等”外领域案件范围的拓展，需要同步反思现行法律及司法解释对起诉主体、诉讼程序以及诉讼请求等方面的规定，积极探索公众参与的途径、调整诉前公告程序并创新配套诉讼请求等保障机制。[⑤]有论者认为，现行民事公益诉讼制度总体上以起诉主体资格和保护领域为制度重点，实体规则极不完善，实践中，环境民事公益诉讼参照适用生态环境损害赔偿制度的实体规则，其他民事公益诉讼参照适用私法侵权责任的实体规则，公益诉讼立法须兼顾程序与实体。[⑥]有论者提出，民事公益诉讼在民事诉讼框架下保护公共利益

---

① 参见胡婧:《行政公益诉讼起诉条件的适用检视与一体化重塑》，载《河北法学》2023 年第 9 期。

② 参见范伟:《功能主义视野下行政公益诉讼起诉期限的体系构建》，载《青海社会科学》2023 年第 2 期。

③ 参见唐绍均:《环境行政公益诉讼判决中确认违法与履行职责的并用及其矫正》，载《行政法学研究》2023 年第 5 期。

④ 参见黄忠顺:《检察民事公益诉讼的基本界定》，载《国家检察官学院学报》2023 年第 3 期。

⑤ 参见王海军:《检察民事公益诉讼“等外”领域的规范拓展及保障机制》，载《政法论坛》2023 年第 6 期。

⑥ 参见吴俊:《民事公益诉讼的实体性分析》，载《国家检察官学院学报》2023 年第 3 期。

的同时，还能通过其裁判对产生于同一侵权行为的私益诉讼产生的扩散性效力部分地实现集体救济的功能；最高法关于公益诉讼的司法解释规定了公益诉讼裁判对私益诉讼产生的事实免证效力及特定构成要件直接适用的效力，但这些规范尚未获得充分关注。①

二是关于惩罚性赔偿责任。有论者认为，在刑事附带民事公益诉讼中，对惩罚性赔偿的适用需恪守谦抑性原则，并采取“赔偿基准确定＋比例原则裁量”的模式，对惩罚性赔偿金参照财政资金加以运用管理。② 有论者以食品安全领域刑事附带民事公益诉讼为观察视角，总结惩罚性赔偿制度在实践中的运行状况和亟待解决的问题，并提供具体的完善建议。③ 有论者提出应当限缩惩罚性赔偿在环境公益侵权中的适用，以补强补偿性赔偿功能为重心，惩罚加害人的功能仅在特殊情形下辅助适用。④ 此外，还有论者认为，惩罚性赔偿制度的工具倾向性容易造成“公法遁向私法”的危险，因此必须在实体上接受比例原则约束，同时在程序上适用类似于公法的追责程序。⑤

（三）检察公益诉讼新增法定领域及新领域相关问题

一是个人信息保护领域。在个人自治、行政监管都可能“失灵”的背景下，具有组织优势、信息优势和协同优势的检察机关开展个人

---

① 参见陈晓彤：《民事公益诉讼扩散性裁判效力研究》，载《西南民族大学学报（人文社会科学版）》2023年第7期。

② 参见王勇：《刑附民公益诉讼案件惩罚性赔偿的民事适用及其刑事调和》，载《政法论坛》2023年第3期。

③ 参见金晓伟、冷思伦：《刑事附带民事公益诉讼中的惩罚性赔偿制度完善研究》，载《中国人民公安大学学报（社会科学版）》2023年第2期。

④ 参见陈伟：《环境公益侵权惩罚性赔偿之限缩适用》，载《中国地质大学学报（社会科学版）》2023年第3期。

⑤ 参见程玉：《内外关系视角下生态环境侵权惩罚性赔偿制度的完善》，载《南京工业大学学报（社会科学版）》2023年第3期。

信息保护领域公益诉讼极为必要。[①] 有论者认为，应当对个人信息保护法第70条规定的案件范围进行科学界定，将被诉行为拓展为“违反国家规定”的行为，并以“社会公共利益”的侵害作为救济范围的实质性标准，而不仅以受害者人数“众多”作为依据。[②] 鉴于个人信息保护领域的社会公共利益具有复杂性，有论者提出，检察公益诉讼可以从被侵害的个人利益具有损害社会一般性价值的普遍性和典型性，数据信息交易安全、数据市场有序竞争和健康发展以及对个人与超级平台信息处理者之间能力过分悬殊的适度修正三个层面界定社会公共利益。[③] 有论者基于当下侵犯公民个人信息犯罪刑事附带民事公益诉讼案件面临的审理困境提出了规范应对的审理方案，认为适宜将“严重侵害社会公共利益并造成物质损失”作为提起刑事附带民事公益诉讼的必要条件之一。[④] 有论者提出，大数据时代个人信息保护从个人控制范式转向社会保护范式，检察公益诉讼是实现个人信息国家保护的重要方式，应当将风险预防作为个人信息保护检察公益诉讼制度的主要功能。[⑤] 考虑到个人信息公共利益损害的不可逆转性，有必要对个人信息保护公益诉讼进行风险化改造，引入预防性个人信息保护公益诉讼，通过前瞻性的司法介入防控重大风险。[⑥]

---

① 参见王锡锌:《大力推进个人信息保护检察公益诉讼》，载《人民检察》2023年第21期。

② 参见杨雅妮:《个人信息保护民事公益诉讼案件范围研究》，载《重庆大学学报（社会科学版）》2023年第4期。

③ 参见兰楠:《个人信息保护法中的社会公共利益》，载《国家检察官学院学报》2023年第1期。

④ 参见周晓:《侵犯公民个人信息犯罪刑事附带民事公益诉讼案件的审理困境和规范应对》，载《法律适用》2023年第2期。

⑤ 参见许身健、张涛:《个人信息保护检察公益诉讼的法理基础与制度完善》，载《法学论坛》2023年第1期。

⑥ 参见苏和生:《个人信息保护公益诉讼的程序构造》，载《华中科技大学学报（社会科学版）》2023年第4期。

二是特定群体保护领域。关于未成年人保护，有论者认为，未成年人保护公益诉讼不仅要保护不特定未成年人的利益，还要在一定情形下保护特定未成年人群体的利益；不仅要恢复受到侵害的公共利益，还要促使社会向未成年人投入更多的福利。[①] 有论者提出，民法典、未成年人保护法等相关法律法规明确了民政部门代表国家承担未成年人监护的兜底责任，民事公益诉讼是实现民政部门兜底监护职责的重要途径。[②] 关于无障碍环境建设，有论者认为，司法实践中，应根据“可用性”和“通用标准”判断是否符合“无障碍”要求，根据“具体需要”和“比例原则”判断是否符合“合理便利”要求。[③] 对于残疾人公共体育服务而言，单纯依赖科层制内部监督难以有效化解风险，有必要引入行政公益诉讼这一外部检察监督机制，以重构残疾人公共体育服务保障模式。[④] 有论者就英雄烈士保护民事公益诉讼制度提出了完善建议，认为应当取消起诉顺位，避免公共利益向私人利益的过度让步与妥协，同时应当肯定社会组织的原告资格，并积极探索新型诉讼请求。[⑤]

三是反垄断领域。有论者认为，因垄断行为造成的消费者数据隐私损害属于反垄断法规制的范畴，应明确公益诉讼制度适用范围，利用检察机关和社会组织的诉讼优势，对消费者数据隐私保护进行有效

---

① 参见何挺、王力达：《未成年人保护公益诉讼中的公共利益》，载《国家检察官学院学报》2023年第3期。

② 参见乔茹：《论民政部门在未成年人保护中的角色定位及其制度完善》，载《河南财经政法大学学报》2023年第6期。

③ 参见唐亚南：《试析残障人无障碍权益的法律保障》，载《法律适用》2023年第8期。

④ 参见孔维都：《残疾人公共体育服务的行政公益诉讼保障》，载《武汉体育学院学报》2023年第10期。

⑤ 参见郭峻维：《“英雄烈士保护”民事公益诉讼制度的完善》，载《社会科学战线》2023年第2期。

的司法监督，维护社会公共利益。① 有论者提出，反垄断领域检察监督体系的建构关键在于大力实施平台经济反垄断民事公益诉讼，同时增设反垄断行政公益诉讼，引导行政监管部门依法全面履行垄断监管职责。② 在反垄断损害赔偿与行政责任竞合的情况下，有论者认为，有必要通过授权反垄断执法机构界定损害赔偿责任、协调反垄断民事公益诉讼中的损害赔偿与行政责任，以及承认行政处罚决定在后继损害赔偿诉讼中的证明效力等合理方案解决损害赔偿与行政责任的适用冲突问题。③

四是消费者权益保护领域。有论者指出，随着平台经济的不断发展，平台封禁行为对消费者利益造成的损害更为显著，通过厘清消费者利益保护相关法律之关系、创设消费者独立诉权、完善消费者团体诉讼制度、落实检察机关的公益诉讼职能，并重视多元利益的衡平，可构筑消费者利益直接保护机制，实现消费者利益保护社会共治的有益进路。④ 有论者认为，相关司法解释中将消费公益与消费私益进行区分构造，从而造成消费公益概念的抽象化与空洞化，以至于在个案中对消费公益诉讼之具体请求权的主张，必须借助于有关消费私益救济的规范才能具体化，从而导致消费公益诉讼与消费私益诉讼在诉讼请求上的重叠性，应将消费公益复归众多消费者的集合性私益，参照退出制的集团诉讼，并按照法定诉讼担当原理，对现有的消费公益诉

---

① 参见孙晋、于颖超:《消费者数据隐私损害的反垄断司法救济及路径拓展》，载《法律适用》2023 年第 4 期。

② 参见黄俊杰:《平台经济反垄断的刑事规制与检察综合治理》，载《中国刑事法杂志》2023 年第 2 期。

③ 参见祝雅柠:《反垄断法损害赔偿与行政责任的竞合、冲突与解决》，载《武汉大学学报（哲学社会科学版）》2023 年第 5 期。

④ 参见张佳红:《平台封禁行为下消费者利益的保护》，载《中国流通经济》2023 年第 1 期。

讼进行程序构造。[①] 至于消费公益诉讼惩罚性赔偿金的归属与分配，有论者借鉴数额分享制度价值基础及其沿革理论，提出我国公共执法模式下惩罚性赔偿金的归属及分配机制可通过接驳社会法的基本范畴予以建构。[②]

五是其他领域相关问题。有论者提出，国有财产保护应当纳入检察机关提起民事公益诉讼的受案范围，从而构建中国特色的国有财产保护行民衔接双轨共治的格局。[③] 有论者认为，各级人民代表大会通过用税决策权审查和批准政府预算对行政机关的用税执行权进行事前和事中监督，但预算法律责任追究机制的缺位导致政府用税监督链条断裂，需要司法诉讼制度进行补缺，纳税人可以借助财税公益诉讼制度充分行使用税监督权。[④] 在金融领域，有论者认为我国金融公益保护的缺陷为检察公益诉讼提供了拓展至金融领域的空间，但检察公益诉讼作为非常规手段，延伸至金融领域时，介入空间应以检察公益诉讼可解决的金融公益现有保护困境为限，金融检察公益诉讼的介入限度在适用范围上以必要性为标准，适用顺位上遵循谦抑性。[⑤] 金融产品僵局处于私益向公益的转化期，是金融消费公共利益保护的潜在发现阶段，对此可以通过在私益诉讼中引入公益诉讼辅助参诉，反向地

---

① 参见段厚省：《对我国“消费公益”独立构造的反思》，载《商业经济与管理》2023年第5期。

② 参见高旭：《消费公益诉讼惩罚性赔偿金的归属与分配——基于分配正义理念的跨法域研究》，载《法学》2023年第12期。

③ 参见潘牧天：《民事公益诉讼视域下国有财产的充分保护》，载《政法论丛》2023年第2期。

④ 参见陈雒音：《用税监督权的司法实现路径——以财税公益诉讼为视角》，载《税务研究》2023年第2期。

⑤ 参见夏戴乐：《检察公益诉讼在金融领域的拓展与边界》，载《法学》2023年第9期。

借由私益诉讼实现对公共利益的救济。[①] 关于网络空间治理，有论者提出应完善网络谣言受损害当事人民事支持起诉制度、建立网络谣言检察公益诉讼制度和制定专门法律完善对网络造谣者多层次法律责任追究体系，以破解受损害当事人追责成本高、公共利益保护不足以及法律法规不健全等网络谣言治理多重困境。[②] 对于突发危机事件中虚假信息经由网络平台传播的规模性现象，有论者认为，民事公益诉讼的恰当性即在于有效地将被侵害的分散利益“聚微为重”并有助于将民众所享有的、模糊且不确定的民事基本权利转换成清晰可见的现实诉权。[③]

此外，还有论者建议在著作权[④]、证明商标保护[⑤]、数字人权[⑥]、政府信用保护[⑦]、反外国制裁[⑧] 等领域引入和完善公益诉讼制度。

三、以高质量理论研究促推检察公益诉讼高质量立法

当前，检察公益诉讼立法已进入关键时期。要制定这样一部牵涉范围广、重难点问题多的法律，离不开理论研究的有力支撑。2023 年

---

① 参见张萌萌:《金融产品僵局复合利益保护视角下公益诉讼实施权主体辅助参诉机制构建》，载《法律适用》2023 年第 4 期。

② 参见董东晓:《网络谣言治理的困境及破解路径》，载《新闻爱好者》2023 年第 4 期。

③ 参见陈堂发:《论突发危机事件中虚假信息治理的公益诉讼理念》，载《上海交通大学学报（哲学社会科学版）》2023 年第 12 期。

④ 参见高婧:《开源软件的著作权法规制路径探析》，载《中国出版》2023 年第 14 期。

⑤ 参见魏士国、冯珺:《论地理标志证明商标保护纳入行政公益诉讼的受案范围》，载《重庆社会科学》2023 年第 1 期。

⑥ 参见张杰:《论数字人权的检察保护》，载《人权》2023 年第 5 期。

⑦ 参见王译:《全国统一大市场背景下建构政府信用保护公益诉讼的学理探微》，载《内蒙古社会科学》2023 年第 6 期。

⑧ 参见郭烁:《检察机关参与：反外国制裁工作的另一种进路》，载《政治与法律》2023 年第 10 期。

12月25日，中国法学会检察学研究会公益诉讼检察专业委员会正式成立，搭建了公益诉讼理论与实践的沟通桥梁，拓展了研究平台，必将进一步凝聚研究合力、提升研究质效、形成更多优秀研究成果。在2024年的检察公益诉讼理论研究中，应着重把握以下方向：

一是坚持以习近平法治思想为根本遵循。高质量开展检察公益诉讼理论研究要将坚持党的绝对领导、坚定拥护“两个确立”、坚决做到“两个维护”作为根本命题，将习近平法治思想作为根本遵循，将完善中国特色公益司法保护制度作为根本路径。深入领悟习近平总书记和党中央持续领导推进检察公益诉讼制度的政治考量、战略考量、法治考量，从发展沿革、中外比较、实践成效等方面深入研究，在理论上系统阐释、深入分析，为检察实践提供科学指导，为检察公益诉讼立法提供有益参考。

二是回应实践需求。高质量开展检察公益诉讼理论研究必须紧密结合实际、突出问题导向、服务司法实践。制定检察公益诉讼法是将习近平法治思想的原创性成果法治化、制度化的重要方式。检察公益诉讼理论研究应当围绕检察公益诉讼法的定位、立法原则、受案范围、调查权配置、审判与执行等关键问题，深入开展理论分析，夯实检察公益诉讼立法理论基础。检察公益诉讼理论研究还要回应高质效办案的实践需求，在理论层面回应公益诉讼办案高质效内涵的机理、逻辑、标准，提出可行的解决方案和对策建议，助推高质效办案取得实效。

三是构建话语体系。高质量开展检察公益诉讼理论研究必须具备更宽广的视野。要继承中华法系丰富的优秀法律文化，注重发掘和总结中国特色公益保护的实践经验，概括提炼原创性、标识性的概念、观点、理论，构建中国公益诉讼制度话语体系。加强国际学术交流与合作，既学习借鉴世界公益保护法治文明成果，又讲好中国公益保护法治故事，持续提升中国特色公益司法保护制度国际影响力和话语权。

加强非物质文化遗产保护检察公益诉讼*

邱景辉**

为促进非物质文化遗产法全面有效实施，推动中华优秀传统文化创造性转化、创新性发展，加快建设文化强国，全国人大常委会执法检查组5月至8月赴山西、内蒙古、吉林、福建、山东、广东、云南、新疆等8省（区）开展实地检查，并委托河北、黑龙江、上海、浙江、湖南、四川、贵州、甘肃等8省（市）人大常委会进行属地检查，重点检查非物质文化遗产的保护职责落实、调查、代表性项目名录体系建设、传承与传播、合理利用5个方面情况。10月下旬，全国人大常委会将听取和审议执法检查报告。

近日，财政部通知下达2024年国家非物质文化遗产保护资金预算，列入“文化旅游体育与传媒支出”，支持非遗保护，并要求强化预算资金监管，防止出现挤占、挪用、虚列、套取补助资金等行为。国家发展改革委、住房和城乡建设部、文化和旅游部等部门印发《推动文化和旅游领域设备更新实施方案》，实施演艺设备更新提升行动、历史文化名城和街区保护行动等，也涉及加强和改进非遗保护传承工作。

伴随着《非遗里的中国》走进千家万户和国际博物馆日、中国旅游日、文化和自然遗产日、端午节等持续升温的“非遗热”“文旅热”，蕴藏着人民群众日益增长的精神文化需求等美好生活需要，对非遗领域的科学立法、严格执法、公正司法、全民守法提出新的更高要求。

---

* 原文刊载于《检察日报》2024年5月30日，第7版。

** 邱景辉，最高人民检察院公益诉讼检察厅副厅长、二级高级检察官。

检察机关正在围绕贯彻落实习近平文化思想和习近平总书记关于非遗保护和旅游工作一系列重要指示，以及中共中央办公厅、国务院办公厅《关于进一步加强非物质文化遗产保护工作的意见》，从三个方面加大力度，提质增效。

一、加强系统性保护，创新履行《保护非物质文化遗产国际公约》的中国方案

习近平总书记强调，要扎实做好非物质文化遗产的系统性保护，更好满足人民日益增长的精神文化需求，推进文化自信自强。要推动中华优秀传统文化创造性转化、创新性发展，不断增强中华民族凝聚力和中华文化影响力，深化文明交流互鉴，讲好中华优秀传统文化故事，推动中华文化更好走向世界。

截至目前，我国共有43项非遗实践列入联合国教科文组织非物质文化遗产名录、名册，总量居世界第一。2023年10月，《保护非物质文化遗产国际公约》（以下简称《公约》）通过20周年之际，最高检向全国推广贵州检察机关开展专项监督助力非遗系统保护和广东检察机关聚集特色非遗公益保护助力粤港澳大湾区文化交融的典型经验，并陆续发布一系列典型案例，展示非遗检察保护的与时俱进、守正创新。

一是坚持系统观念，推动对民族地区非遗项目的专门保护。2024年3月4日最高检发布的代表建议、政协提案与公益诉讼检察建议衔接转化工作机制典型案例中的贵州省紫云县检察院督促保护国家级非遗代表性项目“亚鲁王”行政公益诉讼案，对系统开展纳入联合国教科文组织“人类非物质文化遗产代表作名录”的“玛纳斯”“格萨（斯）尔”等中国少数民族史诗传统的非遗保护检察公益诉讼提供了可资借鉴的经验。检察机关督促协同行政机关依法完善非遗调查记录、传承体验设施和理论研究等体系，以及代表性项目名录、传承人认定

和文化生态整体性保护等制度，加强分类保护，促进合理利用和广泛传播；在融入国民教育体系的同时，更加注重理解非遗的表现形式、社会功能和文化意义、实践和传承方式、艺术和审美特征、历史记忆和存续力现状、创造及再创造的内生动力，积极推动补强法治保障，落实并丰富《公约》倡导的过程性保护措施。全国人大代表巴莫曲布嫫建议将少数民族语言文字译写规范纳入国家通用语言文字法的立法保护，全国人大代表刘蕾建议加强对列入联合国教科文组织“急需保护的非物质文化遗产名录”的曲艺类非遗项目“赫哲族伊玛堪”的司法保护，有利于铸牢中华民族共同体意识，彰显各民族共享的中华文化符号和中华民族形象，帮助检察机关探索从法治保障科技赋能少数民族语言文字通用入手，在促进各民族非遗保护传承方面更有作为。

二是坚持以人为本，全过程强化非遗本体和载体的同步保护。《公约》强调非遗保护取决于那些一代又一代将其传统、技能和习俗的知识传递给社区其他成员或其他社区的人，保护的重点在于世代传承或传播非遗所涉及的过程。检察公益诉讼坚持以人民为中心，践行全过程人民民主，可以借助相关领域的代表委员、“益心为公”志愿者等专业力量及其动员能力，激励相关社区、群体、传承人和实践者一同参与到相关非遗保护的实践过程中来。既要保护好各族人民世代相传并视为其文化遗产组成部分的各种传统文化表现形式，也要保护好与传统文化表现形式相关的实物和场所，让非遗实践充分融入现代生活。贵州检察机关在推动落实传承人扶助措施、非遗专项资金和实践场所保障、非遗项目保护和管理的同时，促进传统村落保护、文化传承发展、基础设施建设、人居环境整治、知识产权保护、特色手工艺保护等系统治理，通过以人为本的过程性保护，积极以中国新发展理念对接联合国可持续发展目标。

三是坚持胸怀天下，加强涉外涉侨涉台非遗项目的协同保护。以中国和马来西亚联合申报成功列入“人类非物质文化遗产代表作名录”

的“送王船”为例。福建漳州芗城九龙江水居社作为具有代表性的传习点之一，在申遗成功后未能配套相关保护性措施，存在妨碍九龙江流域疍民数百年来在水上生产生活的民间信俗继续施行、传承或传播的潜在风险。检察机关邀请台胞侨胞建言献策，督促协同行政机关加强综合保护，专门开展民间交流活动，促进两岸文化交流、融合发展，充分展示该文化在海上丝绸之路沿线菲律宾、马来西亚、琉球群岛等国家地区传播交流过程中的影响力和凝聚力。又如，广州市白云区检察院通过督促河道水环境综合整治，推动当地停办7年的国家级非遗项目“赛龙舟”振兴，让具有上千年历史的广府赛龙舟在当地得以赓续传承，为传统体育、游艺与杂技类非遗保护添砖加瓦。这些都是《公约》强调的确保非遗存续力的生动实践。

二、突出预防性功能，监督保障《国家级文化生态保护区管理办法》落地落实

为加强非物质文化遗产区域性整体保护，经文化和旅游部同意，目前我国已设立闽南文化、徽州文化、热贡文化、羌族文化（四川）、武陵山区（湘西）土家族苗族文化、海洋渔文化（象山）、齐鲁文化（潍坊），黔东南民族文化、客家文化（梅州）、大理文化、陕北文化（榆林市）、晋中文化（山西省晋中市）、客家文化（赣南）、铜鼓文化（河池）、迪庆民族文化、格萨尔文化（果洛）、羌族文化（陕西）等23个国家级文化生态保护（实验）区。检察公益诉讼具有跨领域跨部门跨区划监督办案的优势，可以有效打破条块分割障碍，突破行政区域界限，以开放性、系统性思维，既保护相关非物质文化遗产，也保护孕育发展非物质文化遗产的人文环境和自然环境，实现“遗产丰富、氛围浓厚、特色鲜明、民众受益”的目标。

检察公益诉讼制度已成为推动物质和非物质文化遗产协同保护的

强大助力。例如，针对世界遗产“泉州：宋元中国的世界海洋商贸中心”重要组成的安平桥，因经年累月风沙侵蚀，桥墩、桥板、渡头石出现不同程度的损害，邻近村民擅排污水，致周边污水横流、水体发臭，传统风貌遭到破坏；同时，当地“嗦啰嗹”“水上掠鸭”等非遗项目与民众生活融合不够，导致闽南民俗文化面临传承危机等问题，泉州晋江、南安两地检察机关在加强当地文物保护的同时，对承载或关联的非遗项目相关的实践场所、纪念地和自然空间加以协同保护，为规范闽南文化生态保护区管理作出了示范。

2023 年 9 月，最高检、住房城乡建设部联合印发《关于在检察公益诉讼中加强协作配合依法做好城乡历史文化保护传承工作的意见》。检察机关可以结合《国家级文化生态保护区管理办法》《国家历史文化名城申报管理办法（试行）》《关于进一步加强历史文化街区划定和历史建筑确定工作的通知》《关于组织申报第八批中国历史文化名镇名村的通知》《关于组织申报 2024 年传统村落集中连片保护利用示范的通知》等政策和规定，以申报条件作为监督标准，找准违法行为、违法主体，积极开展预防性检察公益诉讼，把保护第一、传承优先、预防为主落到实处。

三、把握可诉性标准，为推动非物质文化遗产和历史文化遗产保护立法积累实践经验

当前，历史文化遗产保护法（非物质文化遗产法修改，一并考虑）纳入十四届全国人大常委会立法规划第二类项目。其中，历史文化遗产保护法草案，已纳入国务院 2024 年度立法工作计划预备提请全国人大常委会审议项目。同时，有关部门正在研究起草红色资源保护传承条例、历史街区与古老建筑保护条例、传统村落保护条例，修订历史文化名城名镇名村保护条例等法律和行政法规。

以广东检察机关加强非遗保护促进粤港澳大湾区文化交融为例，广州、江门针对破坏国家级非遗项目“凉茶”品质、非法添加西药的情形进行全链条追责；阳江围绕非遗项目“八甲猪血木生态文化习俗”及其代际传承所必需的自然环境；肇庆针对国家级非遗项目“端砚制作技艺”所必备的砚石资源及端砚知识产权开展保护，督促强化对盗采砚石违法犯罪的惩治预防。这些典型案例，从实践方略上为推动完善非遗立法保护积累了经验。

检察机关可以立足法定领域案件范围拓展深化非遗领域公益司法保护，为相关法律法规增设检察公益诉讼条款或者进行相应配套衔接提供实践依据。例如，依托生态环境保护和资源的可持续利用和管理、国有财产保护、安全生产、食品安全、农产品质量安全等法定领域，以可诉性从促进提升检察公益诉讼监督办案的精准性、规范性，重点加强京津冀协同发展、长江经济带发展、粤港澳大湾区建设、长三角一体化发展、黄河流域生态保护和高质量发展、推进海南全面深化改革开放等国家重大战略中的文化遗产保护传承；加强革命老区、民族地区、边疆地区、脱贫地区非物质文化遗产保护传承；在有效保障文化安全和公共安全的前提下，推动非遗与旅游融合发展，助力高质量发展；综合运用著作权、商标权、专利权、地理标志等多种手段，加强非遗知识产权保护；确保国家加强财税金融支持的措施真正用于非遗保护传承和合理利用。同时，强化对外和对港澳台的非遗保护交流合作，向国际社会宣介我国非物质文化遗产保护成就，推动中华优秀传统文化走向世界，充分发挥非物质文化遗产在增进文化认同、维系国家统一中的重要作用。

做好老年人权益保障检察公益诉讼服务银发经济高质量发展*

邱景辉**

发展银发经济，满足老年群众多方面需求，妥善解决人口老龄化带来的社会问题，事关国家发展全局，事关人民福祉。2024年1月11日，国务院办公厅发布《关于发展银发经济增进老年人福祉的意见》（以下简称《意见》），对贯彻落实中央经济工作会议关于发展银发经济、中央金融工作会议关于做好普惠金融和养老金融、中央农村工作会议关于完善农村养老公共服务体系等重大决策部署，提出明确具体要求。

党的中心工作推动到哪里，检察工作就要跟进到哪里。对照《意见》跟进监督，检察公益诉讼可以发挥“以更高效率、更低成本争取最佳办案效果”的制度优势。

一、做强穿透式监督，为普惠金融、养老金融提供法治保障

发展银发经济，特别是拓宽消费供给渠道，丰富发展养老金融产品，必须以高水平安全保障高质量发展。检察机关要坚持底线思维，在依法严厉打击以投资“养老项目”、销售“养老产品”、宣称“以房养老”、代办“养老保险”、开展“养老帮扶”等名目侵害老年人合法权益的各类诈骗犯罪的同时，更加注重协同相关职能部门加强风险防

---

* 原文刊载于《检察日报》2024年2月1日，第7版。

** 邱景辉，最高人民检察院公益诉讼检察厅副厅长、二级高级检察官。

控，开展穿透式监督，合力守护老年人和相关公益慈善、国家财政的“钱袋子”。

检察机关可以依据反电信网络诈骗法相关规定，督促银行业金融机构建立反电信网络诈骗内部控制机制和安全责任制度，重点加强普惠金融、养老金融等新业务涉诈风险安全评估；督促银行业金融机构、非银行支付机构建立客户尽职调查制度，依法识别受益所有人，采取相应风险管理措施，重点防范老年人的银行账户、支付账户等被用于电信网络诈骗活动；建立完善符合电信网络诈骗活动特征特别是涉老诈骗的异常账户和可疑交易监测机制，并根据风险情况，采取核实交易情况、重新核验身份、延迟支付结算、限制或者中止有关业务等必要的防范措施。

检察机关可以依据个人信息保护法相关规定，督促个人信息处理者依法严格保护老年人的生物识别、特定身份、医疗健康、金融账户、行踪轨迹等敏感个人信息，防止泄露或者非法使用导致老年人的人格尊严受到侵害或者人身、财产安全受到危害。

“十四五”时期，国家重点提供老年人面临家庭和个人难以应对的失能、残疾、无人照顾等困难时的基本养老服务，依托全国一体化政务服务平台，推进跨部门数据共享，建立困难老年人精准识别和动态管理机制，逐步实现“服务找人”。检察机关在依法推动困难老年人身份识别、待遇享受、服务递送、无障碍环境建设等资源整合的同时，要督促相关责任主体严格保护独居、空巢、留守、失能、重残、计划生育特殊家庭等老年人的个人信息安全。

推进普惠金融高质量发展，鼓励探索开发各类投保简单、交费灵活、收益稳健、收益形式多样的商业养老年金保险产品。这需要建立健全相应的监管体系和规则，加快补齐风险预防预警处置问责制度短板。近日，北京公安机关破获一起以办理保单升级为由，利用部分老年人不熟悉保险业务流程和智能手机操作，设置“代理退保”陷阱的养老诈骗案。区别于电信网络诈骗的“远程、非接触”方式，该诈骗团伙通过电话和话术冒充“保险公司”“业务员”“店长”骗取信任，再面对面用老年人的手机操作退保并购买所谓“高收益”理财产品，待老年人陷入圈套后再收取高额“代理维权”手续费，甚至侵占老年人的退保资金。诈骗团伙之所以屡屡得手，要害在于非法获取并利用了老年人的保单信息。

应对线上线下一体化的诈骗方式，需要反诈手段相应升级。《意见》提出“引导电商平台、大型商超举办主题购物节，设计老年版专用界面，支持设立银发消费专区，鼓励子女线上下单、老人线下体验服务”，可以拓展用于推动普惠金融、养老金融 App 数据合规和信息无障碍。为防止生成式人工智能、深度合成技术被用于养老诈骗，有必要大力整治滥用人脸识别技术的乱象。保险等金融行业“捉内鬼”行动，也应当抓紧溯源、倒查。

为监督保障用好普惠金融、养老金融相关财税政策支持工具，同步加强相关国有财产保护领域检察公益诉讼势在必行。近期，检察机关在调查核实骗取农用机械购置补贴问题时发现，一些经销商冒用农村老年人名义申领大额农机补贴，背后可能存在监管失职渎职、贪污贿赂。为此，加强检察公益诉讼与检察侦查的衔接协同，特别是依法行使机动侦查权，从重大公益损害案件中发现并查办国家机关工作人员利用职权实施的重大犯罪，需要抓紧研究探索。

二、突出预防功能，重点推进适老化建设和改造的标准化

《意见》要求“推进公共空间、消费场所等无障碍建设”“推进互联网应用改造，保留涉及老年人的高频事项线下服务”“推动老年食品、药品、用品等的说明书和宣传材料适老化”等，检察机关依据无障碍环境建设法相关规定，已经将其纳入检察公益诉讼监督办案重

点，正在高标准推进设施无障碍、信息无障碍、服务无障碍。可以结合《意见》提出的“在养老服务、文化和旅游、老年用品、适老化改造、智能技术应用等领域开展标准化试点”，更加注重抓前端、治未病，依法开展预防性检察公益诉讼。一方面要“守底线”，推动在安全生产、公共安全、产品质量安全、数据安全、金融安全等领域更有效防控风险。另一方面要“算大账”，发挥高标准建设对银发经济乃至整体经济高质量发展的基础性战略性作用。

规划科学是最大的效益，规划失误是最大的浪费，规划折腾是最大的忌讳，规划不作为是最大的失职。检察机关要学习借鉴住建部发布的城市适老化建设和改造典型案例，从源头全过程监督保障无障碍设施与主体工程同步规划、同步设计、同步施工、同步验收、同步交付使用，并与周边的无障碍设施有效衔接、实现贯通。要以交通运输部等六部门联合发布《关于进一步加强适老化无障碍出行服务工作的通知》为契机，通过整治春运集中暴露的突出问题，推动完善无障碍出行服务标准化。要结合工信部印发的《促进数字技术适老化高质量发展工作方案》，通过监督办案推动消除“数字鸿沟”的科技向善标准规范体系更加健全。要对照市场监管总局与中国残联发布的《无障碍环境认证实施规则》，监督支持依法认证及采信应用，严肃惩治虚假认证等违法认证行为，促进更多高质量的安全、便利、实用的适老化无障碍产品、服务，帮助老年人追求享受老龄化条件下的高品质生活。

三、打造专业办案团队，完善老年人检察的社会支持体系

依据《国家人权行动计划（2021—2025年）》，老年人和妇女、儿童、残疾人、少数民族作为“特定群体权益保障”的对象，应当专门保护、系统保护。未成年人保护法和妇女权益保障法专设检察

公益诉讼条款，为在修订老年人权益保障法时作出配套规定，或者在检察公益诉讼专门立法中将老年人等特定群体权益保障统一纳入案件范围，提供了立法样本和范例，需要在检察实践中进一步积累经验和案例。

例如，党的二十大报告明确要求建立长期护理保险制度，《意见》进一步提出“积极发展商业医疗保险和商业长期护理保险，开展人寿保险与长期护理保险责任转换业务试点工作，加强养老金融产品研发与健康、养老照护等服务衔接”。自2016年起试点的“长护险”，由护理服务机构的养老护理员对长期处于失能状态的参保人员进行居家照护，费用主要由医疗保险基金支付。上海检察机关在履职中发现，有人利用仅凭手机打卡和被护理对象签字确认就能结算工作量、发放报酬的管理漏洞，借用他人护工证，虚报工作频次、时长，骗取医保金。

上海市嘉定区检察院在办案中研发了数据监督模型，通过对护工的社保缴纳记录、考勤记录、护理记录进行比对，筛选出异常数据，结合核查劳务合同、走访护理对象等方式，精准锁定犯罪嫌疑人，在刑事追诉、行政处罚、追赃挽损的同时，会同公安、卫健、医保、人社等部门追根溯源、强化监管、堵漏建制。

开展“长护险”专项监督的队伍中，有2023年度法治人物、全国模范检察官、上海市静安区检察院副检察长马玮玮带领的老年人检察办案团队。马玮玮曾经从主办的非法吸收公众存款、集资诈骗等刑事案件中，总结形成“穿透式审查、实质性判断”的指控逻辑体系和类案办理范式。优化涉老犯罪案件轻罪治理、支持老年人依法行使诉权、纠正涉老行政违法行为并举，检察公益诉讼融合监督、兜底保障的老年人检察工作模式，正在静安孵化。

未成年人检察工作经验证明，除了专业的办案团队，完备的社会支持体系也必不可少。当前，超过十万名来自各行各业的“益心为公”

志愿者，就是社会支持体系的重要组成部分，在弥补检察公益诉讼法定领域案件范围持续拓展伴随的专业性短板和调查核实能力不足等方面，发挥着越来越重要的作用。

《意见》提出“涵养老年人力资源，支持老年人参与文明实践、公益慈善、志愿服务、科教文卫等事业”。检察机关可以鼓励热心公益的退休检察官成为“益心为公”志愿者，重点用于辅助检察办案团队精准规范办案，借助他们老有所为，引领大家尽力而为，不让老年人的燃眉之急，成为年轻人的后顾之忧。

高质效办理公益诉讼案件研究

付　勋　郑鑫华*

一、高质效公益诉讼案件的标准界定问题

（一）从案件质量角度分析

案件质量是高质效办理公益诉讼案件的基础。随着公益诉讼制度的不断发展和完善，公益诉讼办案数从2018年的11.3万件到2021年的16.9万件，再到2023年的18.9万件，呈稳步上升趋势，办案规模已处于稳步上升趋势，而不是盲目追求办案数，检察公益诉讼已经实现了从案件数量到案件质量的转化。新一届最高人民检察院党组提出要让“高质效办好每一个案件”成为新时代新征程检察履职办案的基本价值追求，要求提升公益诉讼检察办案的“精准性”和“规范性”。“高质效办好每一个案件需要从三个层面来落实：实体上要确保实现公平正义，程序上要让公平正义更好更快地实现，效果上让公平正义以人民群众能感受、可感受、感受到的方式来实现。”[①] 在公益诉讼办案过程中，一是要“大要精办”。注重服务党和人民发展大局，聚焦能够提升人民生活品质的重点问题，找到合适切入口，对主管部门实现精准监督，同时要集中精力，敢于、善于办理影响人民群众切身利益和国家公共利益的“硬骨头”案件、老大难案件和体现检察公益诉讼制度价值的案件，实现从司法精准监督到公益有效保护的成果转化，

---

* 付勋，吉林省吉林市人民检察院第六检察部主任、一级检察官；郑鑫华，吉林省吉林市人民检察院第六检察部五级检察官助理。

① 应勇:《以高质量检察履职践行全过程人民民主 保障人民当家作主》，载《民主与法制》（周刊）2023年第21期。

做到“大案精办”。二是在履职过程中要不断提高检察公益诉讼案件办理的质量、规范化、精细化程度，严把案件立案关、取证关、建议关、诉讼关，在调查取证、文书制作、结案标准、办案程序等方面要严格按照《人民检察院公益诉讼办案规则》相关要求进行办理，防止因办案程序瑕疵问题导致社会和公共利益不能得到及时维护。

（二）从案件效率角度分析

案件效率是公共利益得到有效保护的重要保障。2017年以来，公益诉讼监督领域已从生态环境和资源保护等“4+1”法定监督领域拓展至如今的“4+10”法定监督领域，领域拓展也充分体现了人民群众对社会公共利益亟须保护的迫切需求。检察机关在办理公益诉讼案件中，不仅要集中精力办理大要案，更要时刻聚焦人民群众身边“急难愁盼”的小案，充分发挥检察公益诉讼职能优势，通过检察公益诉讼磋商机制，与行政机关协同发力，用最小的司法资源消除现实公益被侵害风险，用最优的办案效率让人民群众生活品质得到有效提升，争取最佳办案效果。如吉林省人民检察院以“大案精办，小案快办”为原则，制定了《关于依法快速办理简易行政公益诉讼案件的暂行规定》，规定对案件事实清楚，公益受损状况明晰；行政机关权责明确且采取有效措施，公益能够得到快速恢复或防止损害持续扩大，直接影响群众切身利益，应当快速解决的，应启动检察公益诉讼快速办理机制，确保受损公益第一时间得到有效保护。“小案快办”机制充分体现了检察效果，对于公共安全、行洪安全、危险废物、环境污染等人民群众急难愁盼问题起到高质效推进解决的作用。

（三）从案件效果角度分析

案件效果是检验公益诉讼案件办理成功与否的最终标准。在公益诉讼案件办理实践中，检察机关不能仅以下发检察建议或提起诉讼为目标，更应关注行政机关怠于履职或违法履职行为是否得到纠正，是否已经全面采取整改措施依法履行职责，国家利益或者社会公共利益是否已经得到有效保护，而不是以一纸回函草草结案。要主动对相关案件进行监督，及时掌握整改进度，定期开展整改评估。在《人民检察院公益诉讼办案规则》中明确了中止的情形，即对于行政机关在法律、司法解释规定的整改期限内已依法作出行政决定或者制定整改方案，但因突发事件等客观原因不能全部整改到位，且没有怠于履行监督管理职责情形的，人民检察院可以中止审查，在阻碍整改情形消失后，协同行政机关继续开展整改，对于无正当理由逾期未回复、虚假整改或未按期整改等违法情形，及时提起公益诉讼，确保检察监督取得实效，国家和社会公共利益得到有效保护，在公益办案效果上让公平正义可感受、能感受、感受到，将公益履职做深做实。

二、高质效办理公益诉讼案件需要解决的部分问题

（一）调查核实权保障不足问题

1. 调查核实缺乏强制性措施。目前，按照《人民检察院公益诉讼办案规则》第二章第四节调查相关规定，公益诉讼调查核实权主要是调阅、复制有关行政执法卷宗，询问相关人员，调取相关资质证明、证照等方式。在办理民事公益诉讼案件中，会涉及当事人承担相应民事责任问题，需要第一时间掌握当事人财产情况，而按照规定，检察公益诉讼在调查时不能采取查封、扣押、冻结财产等强制性措施，而需要在诉讼环节中向审判机关进行申请，此种情况往往导致公益受损所需修复费用无法得到有效实现，对办案效果产生严重影响，在今后检察公益诉讼立法工作中，应对公益诉讼调查核实方式和措施予以加强，从法律层面强化检察公益诉讼办案法治保障，确保公益得到及时有效保护。

2. 调查核实权刚性不足。调查核实权在司法运行中存在刚性不足的问题。实践中，需要调取行政机关一些申报数据和审批数据，还包括一些资源属性数据，如地类数据，有时检察机关无法获取到该数据，但法律未规定不履行配合义务的法律后果、不得采取强制措施等。当被调查人、单位不配合时，调查核实权可能无法有效行使。目前，检察公益诉讼要充分、综合运用各种调查手段，严谨、详实、全面掌握情况、获取证据，深入开展调查，注重挖掘所涉领域管理、机制等方面的深层次原因，精准提出对策建议，以检察公益诉讼案件办理刚性提升助推检察公益诉讼调查核实权得到有效支撑。

（二）证据标准适用不明确问题

1. 何种情况需要鉴定。在办理生态环境和资源保护、食品药品安全等专业性较强的公益诉讼案件过程中，因案件可能涉及对污染物的定性、污染损害程度、生态环境修复费用、生态服务功能损失，食品药品是否存在危害、危害程度、可能产生的风险等问题均需要依赖专业鉴定机构的鉴定、评估。但目前当地行政主管部门大多不具备相应检验检测资质，在对证据进行定性时，必须委托具备相关鉴定资质的机构进行鉴定、检测。由于目前司法鉴定机构紧缺，费用过高，在办理公益诉讼案件中，就涉及证据标准是否达到证明损害后果或者风险的标准问题。比如固体废物的堆放，无论是在水面、土地还是河道，法律规定都是禁止的，是否还需要检察机关去鉴定这种危害性。比如洗砂水直排江河，法律规定不允许直排工业废水入河，那么是否还需要再次鉴定直排的损害风险。检察机关是否还应针对行政法律法规明令禁止的，或已经追究刑事责任的污染和破坏行为，去鉴定证明危害性和风险性。目前各地标准不同，有时过高地要求了证据标准，认为这就是高质效案件，导致司法资源的浪费。

2. 对监督范围的损害性认定不清。在部分公益受损案件中，检察机关与审判机关往往对确认案件的损害性和可监督性存在不同认识。检察机关为第一时间实现保护公益目的，会在案件办理过程中运用卫星遥感、水质快速检测、咨询专家意见等措施对案件现场、水质等专业问题进行快速检测或咨询，确认公益受损情况，但审判机关和行政机关有时仅以专业鉴定机关出具的鉴定意见作为决定性依据。又如对于医疗器械安全隐患监督，三类医疗器械注射式玻尿酸已被鉴定为假冒伪劣产品时，是否还需要鉴定该玻尿酸注册后会产生实质性风险？实践中有争议，笔者认为是没有必要的，肉毒素作为药品，以伪劣产品可以监督，作为同样注入人体的医疗器械产生的健康隐患，无需再次鉴定予以论证。诸如此类的危害性，笔者认为，不能单纯以药品和医疗器械的分类来判断公益诉讼监督的范围，要以实际危害人民群众的身体健康的种类来判断监督范围。

（三）公益诉讼案件的后续问题

1. 如何有效开展公益诉讼诉后监督问题。在办理行政公益诉讼案件过程中，法院判决支持检察机关诉讼请求后，并不代表着检察机关履行公益诉讼职能已经结束。如在行政公益诉讼案件判决生效后，行政机关往往应当继续履行其法定职责，通过行政履职的手段确保受损公益得到有效恢复，例如《中华人民共和国森林法》第 81 条第 1 款中规定："违反本法规定，有下列情形之一的，由县级以上人民政府林业主管部门依法组织代为履行，代为履行所需费用由违法者承担：（一）拒不恢复植被和林业生产条件，或者恢复植被和林业生产条件不符合国家有关规定；（二）拒不补种树木，或者补种不符合国家有关规定。"该规定即明确了行政机关在违法行为人不承担相应责任时，行政机关负有代履行的义务。但如若政府裁定给政府或者某一行政机关执行，行政机关仍未按判决履行法定职责时，检察机关应如何监督？是重新监督新的主体，还是跟进监督，没有进一步明确。笔者认为，由于案件涉及国家和社会公共利益，应由检法双方形成诉后监督合力或监督新的履职主体，共同对行政机关履职行为进行监督，对行政机关仍不履职可能涉及违法违纪的问题，及时向纪检监察机关进行移送，督促行政机关诉后履职。

2. 惩罚性赔偿金规定不明的问题。在民事公益诉讼（含刑事附带民事公益诉讼）案件过程中，在食品药品安全领域公益诉讼案件中经常会涉及侵权人承担相应惩罚性赔偿责任问题。但目前检察公益诉讼在提起该类案件往往只能参照《中华人民共和国食品安全法》第148条、《中华人民共和国药品管理法》第144条、《中华人民共和国消费者权益保护法》第55条的规定，探索适用销售额10倍或3倍的惩罚性赔偿金，对于惩罚性赔偿金提出其他倍数，法律依据不够充分。目前获评相关领域典型案例惩罚性赔偿金额全部执行到位已经作为高质效案件的前置条件，但在案件实践中，上述惩罚性赔偿金额往往严重超出违法行为人的责任承担能力，会导致违法行为人丧失承担责任的积极性，也导致大数额的大要案增加检察机关办案难度，公益诉讼案件的警示作用和公益保护目的得不到有效实现，故食品药品安全领域惩罚性赔偿金额如何适用需从立法层面予以明确，在设置惩罚性赔偿数额时应在执行情况和案件警示效果之中予以平衡考虑。

3. 法定新领域案件监督途径的选择问题。目前，公益诉讼法定新增领域不断增多，从原来的生态环境和资源保护、食品药品安全等4个传统领域拓展到英雄烈士保护领域、未成年人保护领域等“4+10”法定监督领域，但是仅在军人地位和权益保障、安全生产、农产品质量安全、国有财产保护、无障碍环境建设领域明确了检察机关可以根据《中华人民共和国行政诉讼法》的规定，提起行政公益诉讼，但没有明确规定是否可以提起民事公益诉讼。个人信息保护、英雄烈士保护等领域，仅仅规定可依法向人民法院提起诉讼，未明确指出能否提起行政公益诉讼。从条文理解应当只能对侵权人提起民事公益诉讼，符合行政公益诉讼起诉条件的，能否依法定监督范围提起行政公益诉讼？笔者认为，在新的立法中，应当对上述问题给予明确，行政公益诉讼和民事公益诉讼的范围更加清晰规定，以免审判工作和监督工作出现司法理解的差异。

三、优化高质效办案机制保障和建议

（一）实行一体化办案机制

“检察一体化办案机制，既是我国检察权运行的基本原则，也是检察机关组织原则的重要内容，对于保证法律监督职能的有效发挥，维护社会公平正义具有重要意义。”①《人民检察院公益诉讼办案规则》第11条第1款规定：“人民检察院办理公益诉讼案件，实行一体化工作机制，上级人民检察院根据办案需要，可以交办、提办、督办、领办案件。”法律规定为公益诉讼检察一体化履职提供了有力法律依据，也为高质效办理公益诉讼案件提供相应制度保障。

1. 一体化办案机制是公益诉讼运行规律的保障。公益诉讼案件具有明显的上下“一盘棋”特征，起诉案件和很多领域的审前程序案件都需要层层请示审批，所以，三级检察机关一体协同办案统筹发展是公益诉讼运行的典型规律。在目前市、县两级院公益诉讼案件办理过程中，基层检察院存在对重大敏感案件和特定新领域案件分析研判不足的问题，对大要案和新领域案件办理方向和取证标准无法进行精准掌握，故此需要上级检察机关提供办案支持，适时采取一体化办案机制，对于跨行政区划、涉案范围广、公益受损严重、涉及国家及全省

---

① 冯丽君：《数据赋能：创新一体化办案管理与监督机制》，载《检察日报》2022年4月20日，第3版。

重大工程建设、人民群众关注度高等案件线索和反垄断、金融证券公益侵害、网络治理、知识产权公益侵害、反电诈等特定新领域案件，上级检察机关可以通过领办、督办、交办等方式，为下级检察机关把脉案件办理方向。在专业指导、调查取证、委托鉴定、协调上级行政机关、典型案例培树等方面提供强力制度保障。例如，在吉林市人民检察院办理的一起全国典型案例即泥炭土保护民事公益诉讼案件中，由省院对办案进行指导，协调省国土厅和专业机构探究土壤修复和是否允许拍卖的政策性问题，通过三级院联动办案，各自发挥优势职能，案件得到很好的治理效果，体现了公益诉讼一体化办案机制的制度优势。

2. 强化联动督导是提升监督精准度的抓手。目前，基层检察机关案多人少现象仍未能够得到有效解决，基层院发现案件线索后，对优质线索有效分析研判不足，会错过高质效案件办理契机。故上级检察机关应及时结合国家、省市政策和环保督查情况对全省或全市辖区内案件线索开展汇总、梳理、总结工作，凝聚全省力量破解基层案件线索发现难、办案力量不足、技术支持不够等问题，持续提升监督合力，实现规范、有序、高质效办案常态化。对亟须解决的公益受损问题和重点案件线索，第一时间向下级检察机关通报，并通过实地踏查、视频督导、现场听取汇报等方式为下级检察机关答疑解惑，把脉办案方向，力争一案一策，提升检察办案精准度，扩大公益诉讼办案质效。对于一些具有共性问题的案件线索，可以通过指定管辖、交办、跨区域办案等方式，科学有效整合地区办案力量，集中优势力量攻克具有特点的地区大要案，实现区域性的整体同类问题监督效果。

3. 检察横向一体化是强化履职能力的途径。公益诉讼不同于刑事检察、民事检察和行政检察，公益诉讼检察更需要检察人员具有主动性，在履职过程中会面临线索发现难、线索来源少、调查核实权相对受限、提起诉讼阻力多、跟进监督周期长等问题，上述环节均需要公益诉讼检察人员全程跟进。故而在公益诉讼案件办理过程中，应与刑事、民事、行政等检察业务形成一体化融合履职能力，加强内部信息互通共享机制，在案件线索移送、证据标准认定、案件协同办理等方面达成一致意见，形成四大检察内部办案合力。

（二）制定科学的评价指标体系

检察机关办案指标考评体系是“高质效办好每一个案件”的具体抓手，也是贯彻落实习近平法治思想和党的二十大精神，健全司法规律和检察工作的重要要求，公益诉讼检察所办理的案件到底是否能认定为高质效案件，仍需要以上级检察机关下发的检察机关案件质量考评指标作为对照参考。

1. 立足办案实际，科学制定考评指标。目前，上级检察机关已经对检察业务考评指标进行了优化，但检察公益诉讼个别考核指标和认定标准仍需进一步研究，不能仅以检察建议整改率、到期未整改未提起诉讼率、撤诉案件－比作为案件好坏的唯一基础评价标准。因为公益诉讼案件具有较强的特殊性，有的案件，行政机关和违法行为人需要一定整改时间，而检察机关也需要对案件整改效果进行评估，部分整改案件撤诉了也属客观规律。故此，公益诉讼高质效案件不能仅关注“三率”的高低，需更多的关注行政机关是否依法全面履行法定职责，受损公益是否得到及时有效保护，案件办理后是否能够实现政治效果、法律效果、社会效果的有机统一。

2. 综合作用效果，确定高质效案件评价标准。评价高质效案件固然要看整改效果和法院支持率。但在生态环境和资源保护、食品药品安全领域的民事公益诉讼案件（含刑事附带民事公益诉讼）办理时，在一定比例案件中由于惩罚性赔偿金的存在，会出现判决当事人需要承担赔偿金额超出其所能承担范围能力的情形，此时不能仅凭当事人是否全额缴纳赔偿金作为案件整改效果评价的唯一依据，应综合考虑刑事惩戒教育作用和公益保护效果进行评价。否则，如果把履行数额作为评价标准的话，就会导致一些办案单位对于数额较大的案件不想办理的情况，但大多数数额较大案件都是社会危害性较大的案件，更需要公益诉讼去惩戒和预防。

3. 建立高效申报平台，培树高质效典型案例。典型案例是高质效案件的优秀代表。每年最高检评选大量的典型案例，如何获评典型案例，已成为各地公益诉讼的工作亮点的目标。为了更好地收集和学习更多的典型案例，减少重复报送的工作量，吉林省检察院创新开发研究了2.0大要案辅助系统，实现线上办案和传输，减少了线下传输无法留痕的弊端。通过关联大要案辅助系统，可以直接呈报大要案、优秀小案快办和典型案例，实现了优秀案例的学习评价平台的公开化，有利于各区域各级院去借鉴和学习其他地区的办案经验，也有利于对优秀案例的收集和储备，为下一步评选和培树典型案例提供依据。

（三）深化府院联动机制，实现双赢、多赢、共赢

检察公益诉讼是党的十八届四中全会作出的一项重大部署，目前已经形成了公益司法保护的“中国方案”，而检察公益诉讼的目标是服务国家法治建设，推进国家治理体系和治理能力现代化。故此，必须学会主动服务党委政府工作中心大局，当好法治参谋，提供检察智慧，主动加强与政府及各职能部门的沟通协作，同向发力，才能更好发挥制度治理功效，实现双赢、多赢、共赢。

1. 加强机制建设，提升案件的政府认同度。案件质量高不高，不是自己说的。检察机关应与政府相关部门同向而行，与社会治理和法治政府深入切合，不能与地方经济发展大局背道而驰。所以我们所办理的案件一定要考虑到社会效果、法律效果的统一。在处理疑难复杂案件时，要充分考虑到政府发展大局，不能机械办案。在监督行政机关违法履职和怠于履职的过程中，帮助相关机关找到解决问题的出口，

促进问题的化解才是公益诉讼的价值追求。近年来，“检察长＋田长＋林长＋河长”制度的不断深化，充分体现了检察权在参与政府社会治理和生态文明建设的重要作用，逐渐形成了资源共享、优势互补的局面，提高案件办理效率和质量。建议依法治省治市办公室对于行政机关败诉率不要扩大到行政公益诉讼范围内，因为公益诉讼不同于普通民告官的行政诉讼，它代表的是国家公权力，保护的是社会公共利益，不应以行政公益诉讼起诉案件来评定法治化水平。

2. 建立公益基金账户，探索资金统筹管理模式。生态环境和资源保护、食品药品安全等领域在提起诉讼时都涉及惩罚性赔偿金和生态环境修复费用的问题，按照原有生态环境损害赔偿中的资金管理办法规定，经法院判决的案件收缴的赔偿金和修复金都统一上交财政非税账户，并非能做到专款专用，对于修复环境的费用仍旧不能第一时间应用于案件的实体修复。而对于食品药品案件的惩罚性赔偿金如今最高检和最高法是建议各地探索相应的资金管理办法，没有统一的财政上层文件，单靠地区的检察机关和财政部门是无法能够做到的。导致现在很多类似案件，法院不知道把资金判到哪里去，如何使用该笔资金。笔者认为，公益诉讼的目的在于保护公益，那么缴纳的惩罚性赔偿金自应当用于社会公益事业，故对于公益资金账户建议从上层财政构建角度，探索授权各地区建立公益保护账户，并制定相应的费用管理和使用的规定，最大限度地应用于公益事业。

3. 加强公众参与，实现公益保护多方合力。公众的参与度直接影响评价度，而各行各业的评价就是评价高质效案件的一把尺子。公益诉讼工作不是检察机关一家之事，需要加强多方协同，扩大案件线索来源，组织社会各界参与，形成公益保护“同心圆”。目前，公益诉讼志愿者和社会各界人员可通过“益心为公”检察云平台、12309、线上举报等方式向检察机关提供案件线索，参与公益保护工作中来，拓宽公益诉讼案件线索来源渠道。对办案过程中涉领域专业性强、行政机关权责不清等重大疑难问题，志愿者可以全程参与到案件办理中，检察机关可以邀请人大代表、政府相关职能部门、法院、公安、专家学者、人民监督员等开展检察听证会，为案件事实定性、证据认定标准、公益保护措施提供具体参考意见。结合办理的公益诉讼典型案例，借助“两微一端”、抖音、视频号等新媒体平台加大宣传力度，运用新闻发布会、直播、小视频、漫画等新媒体产品广泛宣传介绍公益诉讼检察工作职能，提高检察公益诉讼的传播力、影响力和权威性，提升公众对于公益保护参与度。

检察公益诉讼立法应当回应实践难题
——以L省H市检察公益诉讼实践为视角

赵大维　刘继来*

自党的十八届四中全会提出探索建立检察机关提起公益诉讼制度至今已近十年。在这十年里，检察公益诉讼制度经历了从无到有、自小到大、由弱渐强的发展过程，实现了以检察之力和检察担当生动诠释习近平法治思想和习近平生态文明思想的实践壮举。随着检察公益诉讼的深入发展，出现了各种新情况、新问题，现行法律供给已经无法满足实践需求。为了充分发挥检察机关的法律监督职能，更好地实现公益保护目标，积极回应人民群众对美好生活的更高追求，党的二十大提出了“完善公益诉讼制度”的要求。结合L省H市的检察公益诉讼实践，笔者认为公益诉讼检察仍具有普遍性和紧迫性的问题，应当尽快通过立法加以解决。

一、诉讼地位不明确

法律层面没有明确检察机关在公益诉讼中的地位，而检察机关在公益诉讼中的地位直接决定了检察机关的履职权力、责任和义务，决定举证责任分配和证明程度，决定法律监督职能能否有效行使。“公益

* 赵大维，辽宁省葫芦岛市连山区人民检察院党组副书记、副检察长；刘继来，辽宁省葫芦岛市人民检察院第七检察部检察官助理。

诉讼起诉人”是司法解释赋予检察机关的诉讼身份[①]。但作为一个新兴诉讼制度的新的诉讼主体的表述，公益诉讼起诉人的界定、内涵和权力义务并不确定，这导致了很多实践困境。例如，一般行政诉讼应当由被告行政机关就其自身执法的合法性进行举证证明，若举证不能应承担相应不利后果，而作为行政诉讼一种类型的检察行政公益诉讼，是应当由作为公益诉讼起诉人的检察机关举证证明行政机关“违法行使职权或者不作为，致使国家利益或者社会公共利益受到侵害”，还是应当由被告行政机关进行“自证清白”抑或其他方式？又如，根据民法典的相关规定，对于污染环境、破坏生态等行为，违法行为人应当依法就其不承担责任或者减轻责任，行为与后果之间不存在因果关系承担举证责任。而检察民事公益诉讼遇到这种情况，检察机关应当承担何种举证责任？再如，目前检察机关启动二审程序的方式是上诉，这是否从制度设计上将检察机关等同于普通原告而矮化了其法律监督机关的定位？另外，像公益诉讼起诉人是否应当交纳诉讼费、是否应当提供组织机构代码证、法定代表人证明，出庭人员是否需要提交授权委托书，告知检察机关开庭是用传票还是出庭通知书等细节，也与诉讼地位直接相关。

L省H市检察机关做了一些有益的推动，协调市中级人民法院统一制作和摆设公益诉讼庭审法庭地位标识牌，促进法检就法庭审理程序达成基本共识。但这些还停留在表层，亟需立法机关在立法中明确检察机关的诉讼地位，进一步确定检察机关在诉讼中的权力和义务，保障检察机关能够充分行使法律监督职权，全力维护国家利益和社会公共利益。

---

① 最高人民法院、最高人民检察院《关于检察公益诉讼案件适用法律若干问题的解释》第4条规定：“人民检察院以公益诉讼起诉人身份提起公益诉讼，依照民事诉讼法、行政诉讼法享有相应的诉讼权利，履行相应的诉讼义务，但法律、司法解释另有规定的除外。”

二、调查核实权难以保障

检察调查核实权难以保障是一个老生常谈的问题，不仅存在于检察公益诉讼也存在于其他检察履职中。作为法律监督机关的检察机关在履行民事检察、行政检察、公益诉讼检察等监督职能进行调查取证时，不具有强制调查权力（只有行使检察侦查权进行取证时具有一定强制性），由此制约了检察机关法律监督的质量和效果。基层公益诉讼履职实践中，会出现被调查对象不配合调查取证导致案件受阻的情况。例如，H市S县检察院调查某塑料加工厂违法排放污水问题时，工厂大门紧闭，检察人员无法进入，后协调环保部门到场，才得以同环保部门一同进入调查，而这种情况将直接影响案件处置的客观性和时效性。围绕加强公益诉讼调查权，检察机关做了很多努力和尝试，例如，在最高人民法院、最高人民检察院《关于检察公益诉讼案件适用法律若干问题的解释》及《人民检察院公益诉讼办案规则》中，不同程度写入了保障调查的条款，推动地方立法机关在出台支持公益诉讼工作的决议中写入相关条款等。但一方面这些规定仍然不具有强制力和震慑性，另一方面效力层级比较低，再者分布比较零散、表述比较原则，难以满足办案实践。

另外，鉴定费难以保障也是困扰基层办案的老大难问题。最高检协调司法部确定了若干“先鉴定后付费”的鉴定机构，[①] 推动财政部门加大了支持倾斜力度，但落地效果仍然差强人意。例如，H市检察院在办案中联系J省某列入“先鉴定后付费”鉴定机构名册的机构要求进行鉴定，对方明确告知没有经费、不方便接受委托。

建议尽快在立法中增加对公益诉讼调查取证的保障措施，明确赋

① 参见《司法部确定141家不预先收费的环境损害鉴定机构》，载司法部官网，https://www.moj.gov.cn/pub/sfbgw/gwxw/xwyw/202402/t20240207_494566.html，2024年2月22日最后访问。

予检察机关查封、扣押、冻结等调查手段和罚款、拘留等惩戒措施，同时明确公益诉讼鉴定费用由财政进行全额保障，确保不因鉴定资金不到位导致公益保护打折扣。

三、诉讼管辖过于复杂

在基层检察公益诉讼实践中，检察机关的立案管辖、起诉管辖，人民法院审判的地域管辖、级别管辖错综复杂，一定程度上制约了公益诉讼制度效果的实现。以L省H市为例。H市S县检察院办理的行政公益诉讼，若要提起诉讼，要区分不同情况处理。如果是生态环境资源类案件，根据L省高级人民法院关于生态环境资源类案件集中办理的相关规定[①]，要统一起诉至具有集中管辖权的H市L区法院；其余案件要按照H市中级人民法院关于行政诉讼案件交叉管辖的规定，起诉至H市B县法院。H市检察院若办理民事公益诉讼提起诉讼的，则更为复杂。首先应当由环境侵权行为地的基层检察院进行立案、调查、发布公告。到了审查起诉阶段，因为人民法院规定公益诉讼案件应当由中级人民法院审理，按照诉、审“同级对应”原则，办案的基层检察院应当将案件移送至H市检察院审查起诉。H市检察院审查后，若办理的是生态环境类民事公益诉讼，则要按照L省高级人民法院关于生态环境资源类案件集中管辖的相关规定，移送至J市检察院向具有集中管辖权的J市中级法院提起诉讼；若是涉海洋的生态环境类案件，则要按照人民法院关于海事法院管辖的特别规定，起诉至D海事法院；其余民事公益诉讼案件则起诉至H市中级法院。人民法院错综复杂的诉讼管辖规定，虽然对提高审判专业性、防止地方司法干预等有所助益，但这显著增加了公益诉讼起诉人和当事人的诉讼负担，增

---

① 参见L省高级人民法院《关于L省环境资源审判机构受理案件范围的规定（试行）》。

加了不同司法地域适法的不确定性，一定程度上削弱了检察机关法律监督权的行使。H市人民检察院监督H市中级人民法院，是宪法和诉讼法赋予的基本权力，也有地方立法机关作为支撑；而H市检察机关在办理相关案件时，是否有权监督J市中级人民法院和D海事法院？如果有权监督，权力来源于哪儿？如果无权监督，诉讼监督是否存在漏洞？另外，检察机关自身的立案程序、审前程序和提起诉讼程序根据不同的情况也存在不同地域、不同级别的管辖机关，这进一步加剧了公益诉讼管辖的复杂性。

建议尽快立法对检察公益诉讼管辖问题予以明确，统筹安排检察管辖和审判管辖，一体考虑地域管辖和级别管辖，协调解决一般管辖、特别管辖、专属管辖，为实现公益保护最大化，落实“让人民群众在每一个司法案件中感受到公平正义”。

四、诉讼流程不完善

《人民检察院公益诉讼办案规则》确立了立案、调查、提起诉讼、上诉等办案环节和流程，但办案实践中至少包含线索评估、立案、调查、审前程序、提起诉讼、审判、诉讼监督和执行等全诉讼流程。目前的诉讼制度供给已经无法满足办案实践的需求。例如，关于执行问题。随着公益起诉案件的大量增加，公益诉讼判决书、裁定书、调解书得不到充分履行的情况时有发生。H市检察院在办理诉陈某某公民信息保护民事公益诉讼案中，为了积极保障被告权益，在人民法院主持下，与被告达成了调解协议，人民法院对协议进行了公告，公告期满后出具了调解书，而此时被告又拒绝履行调解书。《人民检察院公益诉讼办案规则》中没有关于民事强制执行的规定，“两高”《关于检察公益诉讼案件适用法律若干问题的解释》只考虑到了判决和裁定的执行，而没有考虑到调解书的执行问题，民事诉讼法解释也没有相关规定。公益诉讼起诉人是否有权启动强制执行程序以及如何启动，缺乏明确的法律依据。另外，按照现行规定，涉及公共利益的判决和裁定的执行，应当由人民法院自行移送执行。[①] 但在这样的执行程序设计下，人民法院既是执行的主体，也是移送或申请执行的主体，这就要求人民法院积极追求公益保护结果的实现，这是否影响人民法院客观、公正、中立的司法立场？

建议尽快出台立法，对检察公益诉讼流程进行完善，增加执行等程序，保障基层办案实践有所遵循，为实现“高质效办好每一个案件”提供制度保障。

五、赔偿金管理使用无依据

公益损害赔偿金的收缴、管理和使用，均没有明确规定，目前已经成为基层办案实践中的棘手问题。行政公益诉讼一般不存在赔偿金的问题，问题主要存在于刑事附带民事公益诉讼和民事公益诉讼。关于公益损害赔偿金收缴问题。起初，刑事附带民事公益诉讼赔偿金是无处安放的“烫手山芋”。人民法院认为，检察院是“原告”，判过来的钱自然应该缴纳到检察院的账户或者检察院指定的账户，且人民法院的收款账户科目中只有“罚金”项，而没有“公益赔偿金”项。但检察院在“侦防转隶”后，根本没有收缴资金科目，无法存放赔偿金。经过与人民法院的沟通协调，目前法院刑事审判收款账户已经增加了“公益损害赔偿金”科目或“其他科目”，全省各级法院判决的刑事附带民事公益诉讼赔偿金统一收归L省高级人民法院。检察机关单独提起的民事公益诉讼赔偿金存放问题仍然待解。法院的财务系统只能依

① 最高人民法院、最高人民检察院《关于检察公益诉讼案件适用法律若干问题的解释》第12条规定：“人民检察院提起公益诉讼案件判决、裁定发生法律效力，被告不履行的，人民法院应当移送执行。”

托于或者依附于一个刑事案件而不允许创建一个“民事案件”，用于安排赔偿金或其他资金进账，而检察机关自身财务账户仍然没有设置赔偿金科目。目前全国也没有通行的赔偿金收缴账户。而市县两级地方财政部门亦表示没有这样的财政账户和科目。H市检察机关协调市财政局，安排了一个临时性财政账户用于统一存放全市检察民事公益诉讼赔偿金，暂时解决了存放问题，但此举仍缺乏长远性和制度性。

关于公益赔偿金支出问题。公益赔偿金的支配和使用是一个更加复杂的问题，不仅牵涉到如何充分、科学、合理保护公益的问题，更涉及使用主体、监督主体、地方利益、使用领域等具体问题。例如，刑事附带民事公益诉讼赔偿金统一收缴到省级财政后，再划转回公益损害地用于公益保护将十分困难和繁琐，谁去申请，谁去使用，谁去监督和验收，法律依据是什么，都不确定。有的公益损害已经自动修复、有的公益损害无法修复、有的公益损害无需修复，这种情况下的冗余和沉淀资金如何处理，也亟待立法积极回应。

建议尽快推进立法，明确公益损害赔偿金账户的设立、监管和使用等问题，从立法层面解决公益损害赔偿金无处安放、无人监管、难以使用的困境，让检察公益保护的“最后一公里”走好走实，让人民群众在检察公益诉讼中获得可感、可知、可见的保护成效。

地方经验

DIFANG JINGYAN

北京市人民代表大会常务委员会关于进一步加强本市检察公益诉讼工作的决定

——2024年3月29日北京市第十六届人民代表大会常务委员会第九次会议通过

为深入贯彻落实习近平新时代中国特色社会主义思想，贯彻落实党中央关于完善公益诉讼制度的重大决策部署，加强本市检察公益诉讼工作，根据《中华人民共和国民事诉讼法》《中华人民共和国行政诉讼法》《中华人民共和国人民检察院组织法》等法律规定，结合本市实际，作出如下决定：

一、本市检察机关应当围绕首都经济社会发展大局，把握检察公益诉讼促进公益保护、促进社会治理、促进依法行政的根本宗旨，依法履行检察公益诉讼职责，切实维护国家利益和社会公共利益。

检察机关应当健全完善以行政公益诉讼、民事公益诉讼、刑事附带民事公益诉讼、支持社会组织提起民事公益诉讼、支持政府及其指定的部门或者机构开展生态环境损害赔偿磋商和提起诉讼为基本框架的检察公益诉讼工作格局，通过提出检察建议、提起诉讼、支持起诉等方式履行检察公益诉讼职责。

本市各级国家机关、人民团体、企事业单位、社会组织及其他组织和个人应当支持配合检察机关依法开展公益诉讼工作。

二、检察机关应当依法办理生态环境和资源保护、食品药品安全、国有财产保护、国有土地使用权出让、英雄烈士保护、未成年人保护、军人地位和权益保障、安全生产、个人信息保护、反垄断、反电信网络诈骗、农产品质量安全、妇女权益保障、无障碍环境建设等法定领域的公益诉讼案件，稳妥推进文物和文化遗产保护、公共卫生、生物安全、消费者权益保护、老年人及残疾人权益保障、网络治理等领域公益损害案件的办理。

三、检察机关在履行职责中发现负有监督管理职责的行政机关违法行使职权或者不作为，致使国家利益或者社会公共利益受到侵害的，应当向行政机关提出检察建议，督促其依法履行职责。

提出检察建议后，检察机关应当对行政机关履行职责的情况和国家利益或者社会公共利益受到侵害的情况跟进调查。行政机关经检察建议督促已经全面采取整改措施依法履行职责、国家利益或者社会公共利益已经得到有效保护的，检察机关应当作出终结案件决定。行政机关不依法履行职责的，检察机关依法提起行政公益诉讼。

四、检察机关在履行职责中发现损害社会公共利益的行为，在没有法律规定的机关和组织或者法律规定的机关和组织不提起诉讼的情况下，可以提起民事公益诉讼。

检察机关在刑事案件提起公诉时，对损害社会公共利益的违法行为，可以提起刑事附带民事公益诉讼。

五、检察机关可以支持法律规定的机关或者有关组织提起民事公益诉讼。

生态环境损害赔偿工作中，检察机关可以支持政府及其指定的部门、机构开展生态环境损害赔偿磋商或者提起诉讼。

六、公民、法人和其他组织可以向检察机关举报公益诉讼案件线索。检察机关应当健全完善检察接诉即办工作机制，加强公益诉讼案件线索举报受理平台建设，拓展公益诉讼案件线索举报渠道。

七、检察机关办理公益诉讼案件，可以采取以下方式开展调查和收集证据：

（一）查阅、调取、复制有关执法、诉讼卷宗材料等；

（二）询问行政机关工作人员、违法行为人以及行政相对人、利害关系人、证人等；

（三）向有关单位和个人收集书证、物证、视听资料、电子数据等证据；

（四）咨询专业人员、相关部门或者行业协会等对专门问题的意见；

（五）委托鉴定、评估、审计、检验、检测、翻译；

（六）勘验物证、现场；

（七）其他必要的调查方式。

八、检察机关办理行政公益诉讼案件，可以根据需要协同行政机关对违法行为人进行约谈，共同督促违法行为人采取措施进行整改，恢复受损公共利益。

九、检察机关在办理社会影响大、群众关注度高、违法情形具有典型性、所涉问题应当引起有关部门重视的公益诉讼案件，可以将检察建议抄送同级人大、政府、监察机关或者被建议单位的上级机关、行政主管部门以及行业自律组织等。

十、行政机关应当协助配合检察机关调查取证，可以在鉴定评估、政策解读等方面为检察机关提供专业支持。行政机关及其工作人员无正当理由拒绝检察机关调查收集证据或者妨碍其依法履行检察公益诉讼职责的，检察机关可以向同级人民政府或者通过上级检察机关向其上级主管机关通报；可以向同级监察机关通报，建议监察机关依法依规处理。市、区人民政府应当将行政机关支持配合检察机关履职情况纳入依法行政考核专项评价。

人民团体、企事业单位、社会组织、其他组织及其工作人员无正当理由拒绝检察机关调查收集证据或者妨碍其依法履行检察公益诉讼职责的，检察机关可以建议其主管部门或者所在单位作出处理。

十一、检察机关开展公益诉讼工作所需调查取证、专家咨询、环境监测、鉴定评估、信息化建设等费用统一纳入预算，由市级财政统一保障。

环境民事公益诉讼中，经人民法院生效法律文书确定的生态环境无法修复或者无法完全修复的损害赔偿资金，以及赔偿义务人未履行义务或者未完全履行义务时应当支付的生态环境修复费用，作为政府非税收入，实行国库集中收缴，全额上缴同级国库，纳入一般公共预算管理。

探索检察机关提起生态环境损害公益诉讼不预交鉴定费，待审判机关判决后由败诉方承担。

十二、行政机关在履行职责过程中发现公益诉讼案件线索，应当向检察机关移送。

行政机关在收到检察建议后应当依法履行职责，采取有效措施进行整改，并在法定期限内书面回复检察机关。因突发事件等客观原因未能在规定期限内整改完毕的，应当及时向检察机关书面说明情况，待客观原因消除后继续进行整改。

行政公益诉讼案件开庭，被诉行政机关负责人应当出庭应诉。被诉行政机关应当依法自觉履行发生法律效力的判决、裁定。在民事公益诉讼案件执行过程中，有关行政机关应当加强与审判机关、检察机关的协作配合，确保生效判决、裁定、调解书得到有效执行。

行政机关应当与检察机关加强配合，落实联席会议、信息共享、普法宣传、联合培训等工作机制。

十三、审判机关应当充分发挥审判职能作用，规范公益诉讼案件管辖、证据标准、出庭和庭审程序，依法受理、公正审理检察机关提起的符合法定条件的公益诉讼案件，统一法律适用标准。检察机关提起的公益诉讼案件判决、裁定发生法律效力，被告不履行的，审判机关应当移送执行。

十四、公安机关在办理刑事犯罪案件中发现公益诉讼案件线索，应当向检察机关移送。

公安机关在办理本决定第二条规定领域的刑事犯罪案件中，可以根据案件情况商请检察机关提前介入；在依法收集刑事犯罪证据的同时，可以根据检察机关的建议，协助检察机关收集、固定犯罪嫌疑人或者其他有关单位、个人侵害国家利益和社会公共利益的相关证据。

十五、监察机关在办理案件中发现涉及公益诉讼案件线索，应当向检察机关移送。

对检察机关移送的在办理公益诉讼案件中发现的职务违法和职务犯罪问题线索，监察机关应当及时受理。监察机关与检察机关应当加强协作配合。

十六、市、区人民代表大会常务委员会应当通过听取和审议专项工作报告、组织执法检查、询问和质询、作出决议决定等方式，加强对检察公益诉讼工作的监督和支持。

十七、司法行政部门、宣传部门应当将检察公益诉讼工作纳入普法宣传规划。审判机关、检察机关应当利用通报工作情况、发布典型案例、以案释法、举办开放日活动等形式宣传检察公益诉讼工作，提高社会知晓度和群众参与度，营造维护国家利益和社会公共利益的良好社会氛围。

十八、本决定自公布之日起施行。

浙江省人民检察院关于检察公益诉讼“以高质量解题推动高质效办案”的十条意见

为深入贯彻党的二十大关于“完善公益诉讼制度”的决策部署，认真落实最高检对检察公益诉讼重在突出“精准性”“规范性”的工作要求，以高质量发展破解公益诉讼难题，高质效办好每一个公益诉讼案件，更好发挥公益诉讼治理效能，切实维护国家利益和社会公共利益，让人民群众能感受、可感受、感受到公平正义，特制定本意见。

一、在源头管控、严格把关上精准解题，完善公益诉讼质量标准体系

1. 把好高质量线索“发现关”。围绕党委政府关注、人民群众关心的公益诉讼重点领域，依托“益心为公”志愿者参与公益诉讼、代表委员建议提案与检察建议双向衔接转化等机制，加强重大案件线索排摸，做好案件线索的研判和分析，强化对线索核查的把关，从中发现高质量的案件线索。

2. 把好高质量个案“立案关”。以公益诉讼重特大案件标准为引领，聚焦涉及面广、危害性大、群众反映强烈却久拖不决的公益损害问题，突出办理“硬骨头”案件。引导树立正确的业绩观，把握好检察权和行政权的界限，做到监督不替代、到位不越位。

3. 把好高质量类案“办理关”。更好统筹“有数量的质量”和“有质量的数量”关系，坚持以合理数量为基础，更加突出办案质效，构建能够充分体现质效优先导向的公益诉讼业务考核评价体系，建立健全常态化案件评查机制，坚决杜绝“凑数案”，避免案件“同质化”

倾向。

二、在全面调查、客观公正上精准解题，提升公益诉讼办案监督质效

4. 全面深入调查取证。全面、客观收集和审查证据，完善调查取证措施，夯实案件事实基础，用“诉”的标准做好调查取证工作。进一步规范调查取证程序，严格按照证据合法性要求和程序要件收集证据，确保调查程序合法、证据形式合法。

5. 精准适用监督方式。准确把握行政公益诉讼案件的违法性和公益受损的认定，找准被监督行政机关的违法情形，准确适用法律法规，依法确定被监督对象。对于一些不具有违法性或者违法情节轻微的案件，不宜作为公益诉讼案件办理，可以制发社会治理检察建议，或者采取沟通、提示等方式推动行政机关解决。对于能够通过磋商解决的案件，不制发诉前检察建议。

6. 提升检察建议质量。牢牢把握检察建议“可诉性”这个关键，围绕适格诉讼主体、公益损害事实、违法行为等基本要素，针对行政机关的具体履职要求提出建议内容，避免公益诉讼检察建议混同于社会治理类检察建议。进一步增强检察建议的说理性和信服力，分析问题有理有据，建议内容切实可行，推动行政机关实现自我纠错。

三、在既重过程、又重结果上精准解题，保证受损公益及时有效修复

7. 规范公益诉讼诉前程序。严格按照《人民检察院公益诉讼办案规则》履行线索评估、案件初查、立案审批、文书送达等程序，确保案件办理和办案系统同步对应。进一步提升办案效率，严格履行办案时限要求，避免案件久拖不决或者超期办案，影响公共利益有效维护。

8. 持续开展跟进监督。进一步增强跟进监督意识，聚焦整改难度大、周期长、易反复的公益损害难题，常态化开展“回头看”，通过实地回访、公开听证、志愿者参与评估等方式，推动整改落实到位，避免检察建议一发了之，行政机关虚假整改、纸面整改等问题。

9. 及时弥补公共利益损失。更加重视公益诉讼案件的执行效果，加强损害赔偿、生态修复等后续工作，不断丰富公益保护手段，采取补植复绿、增殖放流、碳汇补偿、技改抵扣、劳务代偿等更为灵活便捷的替代性公益修复方案，推动公益救济及时到位。积极探索生态环境损害赔偿金、食品药品惩罚性赔偿金的管理和使用模式，让赔偿金发挥最大公益保护效用。

四、在诉得出、判得赢上精准解题，强化检察公益诉讼监督刚性

10. 做好诉前评估工作。对于制发检察建议后，行政机关未依法履职或者怠于履职的，综合衡量行政机关履职情况、继续履职能力和条件以及国家利益和社会公共利益受损的严重性、紧迫性等，对行政公益诉讼案件进行评估，保证起诉质量。

11. 严格把握撤回起诉条件。对于行政公益诉讼起诉后，行政机关依法履职，请求检察机关撤回起诉的案件，严格审查程序，可以采取现场勘查、公开听证等方式，综合判断公共利益是否得到有效保护、诉讼请求是否全部实现。加强与法院沟通协调，探索将裁定终结诉讼作为行政公益诉讼起诉案件的结案方式。

12. 以判决彰显价值引领。对于违法行为持续时间长、性质恶劣或者制发检察建议后仍不纠正的，敢于以“诉”的形式、“判”的结果体现司法价值引领，增强检察监督的刚性，促进依法行政，推动类案治理。

五、在培育典型、打造精品上精准解题，形成高质效案件集群规模效应

13. 加强省市院自办案件力度。聚焦公益受损严重、行政职能交叉、社会反响强烈、长期得不到解决等领域性、系统性的公益损害突出问题，发挥省市院统筹协调各方面办案力量和资源的优势，引导办理具有代表性的高质效自办案件。

14. 加强对下办案指导力度。充分发挥公益诉讼办案指引的指导作用，精心选取办案效果好、可复制、可推广的案例，梳理办案要点、总结办案经验，指导全省公益诉讼检察办案。建立分领域业务指导制度，明确专人负责，提升对下指导的专业性和系统性。

15. 加强典型案例培育力度。认真落实省检察院《公益诉讼精品案件培塑工作指引》，形成“条线聚力、外部借力、重点发力”的立体化精品案件培塑模式。深化全省公益诉讼重点领域办案“百千工程”，通过“百案示范”牵引“千案提质”，引导全省检察机关办理一批典型案例。

六、在数字赋能、科技支撑上精准解题，建设实用高效的公益诉讼技术支持体系

16. 充分发挥数字赋能优势。强化大数据赋能理念，引导、鼓励各地大胆创新，建设更多好用管用的公益诉讼数字监督模型和创新应用。聚焦公益诉讼重点领域，选取可复制、可推广的公益诉讼数字监督模型，组织开展公益诉讼数字专项监督，实现“一域突破、全省共享”，以数字赋能助力公益诉讼高质效办案。

17. 充分发挥科技辅助作用。加强公益诉讼和技术部门的协作配合，利用好快速检测、无人机勘查、卫星遥感等现代科技，在公益诉讼线索核实、勘验取证、固定证据等基础性工作上提供科技助力，辅

助办理流域性、系统性等大案。

七、在事前预防、综合治理上精准解题，充分发挥公益诉讼独特制度价值

18. 积极探索预防性公益诉讼。聚焦安全生产、生物多样性保护、文物和文化遗产保护等特定领域，将公益保护从事后救济向事前预防延伸，从“治已病”到“治未病”，通过及时有效发现并纠正可能造成公益损害危险的违法行为，从源头推动解决公益损害风险。

19. 促进完善社会治理。结合检察办案中发现的普遍性问题，采取“检察建议 + 调研报告”等多种形式，及时向党委政府提出有针对性的意见建议，推动完善行业治理、区域治理、综合治理，达到“办理一案、治理一片”的办案效果，切实做好公益诉讼的“后半篇文章”。

八、在以上率下、形成合力上精准解题，构建上下一体、内外协同的工作格局

20. 优化一体化办案机制。对于重大疑难复杂案件，上级院靠前指挥，加强指导，帮助下级院协调解决难点问题，发挥示范引领作用，提升办案规范化水平。完善公益诉讼交办督办制度，确定专人跟进案件的办理，及时反馈案件办理情况，实现办案闭环管理。

21. 完善协同共治机制。健全与审判机关、行政机关工作协调长效机制，在线索移送、信息共享、办案协助、法律适用等方面凝聚更多共识。落实好已有公益诉讼协作机制，通过联合开展专项活动、挂牌督办案件、发布典型案例等方式，激活协作机制效能。

22. 扩大公益诉讼公众参与。深化“益心为公”志愿者工作，进一步提升志愿者参与度、活跃度，增强检察官和志愿者之间的“黏性”，让志愿者成为公益诉讼高质效办案的强大助力。认真落实“应听证尽

听证”要求，让公益诉讼办案成效可触可感可信。持续深化代表委员建议提案和检察建议双向衔接转化工作，有效凝聚人大、政协和检察监督合力。

九、在业务提升、能力建设上精准解题，打造一支素质过硬的公益诉讼检察队伍

23. 加强业务素能培训。持续开展优秀法律文书评选、庭审观摩等活动，通过“检察官教检察官”等方式，提升公益诉讼检察人员线索分析研判、自行调查核实、数字检察办案、庭审出庭应对等能力，补齐办案中的短板和不足。深化“培训 + 办案 + 研究”的培训模式，通过专案办理、现场教学等方式，将业务培训、业务指导和调查研究相结合，以案代训、以训提能，以学促干。

24. 完善智慧借助机制。针对新领域、新类型等疑难复杂案件，积极借助高校专家学者等“外脑”力量，组建专家咨询团队，为公益诉讼检察高质效办案提供智力支持。强化与行政机关协作，充分发挥特邀检察官助理作用，为公益诉讼检察办案提供专业意见，推动办案提质增效。

十、在机制创新、品牌建设上精准解题，形成浙江公益诉讼检察标志性成果

25. 加强办案机制创新。围绕司法实践和办案需求，探索公益诉讼简案快办、调解和解等制度机制，促进公益诉讼办案体系化、规范化建设。总结提炼好的办案经验，形成更多制度机制成果，为检察公益诉讼专门立法提供更多浙江实践样本。

26. 完善创新实践基地建设。鼓励各级检察机关依托公益诉讼创新实践基地开展常态化活动，不断丰富创新实践基地的内涵和外延，适

时开展星级创新实践基地评定工作，让创新实践基地成为公益诉讼高质效办案的重要展示窗口。

27. 强化公益诉讼品牌建设。结合浙江公益诉讼检察实际，找准自身优势和定位，在生态环境公益诉讼、互联网公益诉讼、海洋环境公益诉讼等方面创品牌、立标杆、展形象，打造具有浙江辨识度的公益诉讼检察特色品牌。

吉林省人民检察院关于规范行政公益诉讼案件办理工作若干问题的意见（试行）

为深入贯彻落实最高检关于公益诉讼检察要"重在以可诉性来提升精准性和规范性"要求，切实解决检察机关办理行政公益诉讼案件工作中存在的可诉性不强，立案精准性和办案规范性需进一步提升等问题，根据《中华人民共和国人民检察院组织法》《中华人民共和国行政诉讼法》《人民检察院检察建议工作规定》《人民检察院公益诉讼办案规则》（以下简称《办案规则》）等规定，结合吉林检察工作实际，制定本意见。

一、立案与调查

第一条 人民检察院公益诉讼检察部门接收线索后，由案件承办检察官对案件线索的合法性、真实性、可查性和风险性进行评估。对符合《吉林省检察公益诉讼大要案认定标准及流程（试行）》的大要案线索，应当在大要案指挥中心办案辅助系统中备案，启动一体化办案机制开展评估。具体包括：

（一）线索来源是否符合法律规定；

（二）线索反映的问题是否属于行政公益诉讼案件范围；

（三）线索反映的国家利益或者社会公共利益受到侵害的情况是否真实存在；

（四）国家利益或者社会公共利益受到侵害的事实和程度是否能够查证；

（五）依法应当履行监管职责的行政机关可能存在违法行使职权或者不作为情形；

(六)对调查和取证中存在的困难和障碍进行评估;

(七)线索可能引发的社会舆论、信访风险、群体性事件的风险;

(八)其他有必要评估的内容。

必要时可以进行初步调查,并形成《初步调查报告》。初步调查的证据作为立案或不予立案的依据,不得以初步调查代替立案后调查。

第二条 人民检察院立案办理行政公益诉讼案件,应当严格按照《办案规则》第六十九条执行。

同一行政机关对多个同一性质的违法行为可能存在不依法履行职责,部分案件线索在发出检察建议之后发现的,可以另行立案。

第三条 人民检察院办理行政公益诉讼案件,应当依法、客观、全面调查收集证据。要依据法定程序开展调查,不得采取法律明确禁止的方式进行调查;要秉持客观公正立场,站在法律监督者的立场客观行使调查权;要根据案件情况全面开展调查,既要收集证明相关行政机关未依法履行职责的证据,也要收集证明其已履职的证据。

第四条 人民检察院办理行政公益诉讼大要案应当制定调查方案,调查方案包括以下内容:

(一)调查思路、目的、方向、范围、内容;

(二)拟收集的证据清单;

(三)调查人员配备、分工及组织领导;

(四)可能出现的风险评估及应对。

调查方案要注重针对性和时效性,根据具体案件类型和情况制定。

第五条 人民检察院在调查前应当做好调查准备,履行相关审批手续,制作调取证据通知书、调查函等法律文书,对执法记录仪、相机、无人机及快速检验检测设备等调查设备进行检查调试。

第六条 人民检察院在开展调查过程中,可以与行政机关进行磋商。行政机关委托工作人员或者代理人参加磋商的,应出具授权委托书。经磋商对行政机关是否存在违法行使职权或者不作为、国家利益或者社会公共利益受到侵害的后果、整改方案等事项达成一致意见的，应当制作事实确认书、会议记录或纪要等书面材料并签名盖章。

对社会公共利益受到损害事实清楚，行政机关对其未依法履行职责没有异议且同意立即整改，社会公共利益能够得到及时有效保护的案件，适用《吉林省人民检察院关于依法快速办理简易行政公益诉讼案件暂行规定》的相关规定。

开展调查和收集证据不得采取限制人身自由或者查封、扣押、冻结财产等强制性措施。需要采取查封、扣押、冻结财产的，可以申请人民法院采取保全措施。

第七条 人民检察院根据案件实际情况，可以组织司法警察参加，检察技术人员协助。涉及专业领域问题，也可以商请相关单位指派专业人员协助。必要时可以邀请人大代表、政协委员、人民监督员、特邀检察官助理、“益心为公”志愿者等协助调查。

在调查收集证据过程中，检察人员可以依照有关规定使用执法记录仪、自动检测仪等办案设备和无人机航拍、卫星遥感等技术手段。需要无人机调查的，应当落实登记备案制度和安全使用管理规定。

第八条 经风险评估可能发生妨碍调查行为的，应当制定安全预案和应急措施，由司法警察协助调查。司法警察负责涉案现场实地检查，消除安全隐患，维护涉案现场秩序和安全，处置突发情况。

对于拒绝配合调查的，检察人员应当给予警告，必要时可以商请公安机关等单位协助。

第九条 人民检察院按照《办案规则》第三十八条调取书证、物证的，应当制作《调取证据清单》，对书证、物证名称（品名）、型号（编号）、数量等核对无误后，检察人员与提供人签名，一式两份，提供人一份，附卷一份。书证、物证应当由专人保管，并做好登记、移交、保存工作。

第十条 人民检察院询问相关人员前，应当制作《询问提纲》。

《询问提纲》包括以下内容：询问被调查人需要解决或者证明的主要问题；询问重点；询问策略和方法；可能出现的问题及对策等。

询问过程中应当制作《询问笔录》。《询问笔录》应当交被询问人核对，允许被询问人补充或者更正，经被询问人核对无误后，由其在笔录上逐页签名或者盖章。被询问人拒绝签名盖章的，检察人员应当在笔录上注明并签名。

第十一条 人民检察院对鉴定费用高、鉴定周期长，通过咨询专业意见即可解决的专门性问题，可以书面或者口头咨询有关专业人员、相关部门或者行业协会的意见。

口头咨询的，应当制作笔录，由接受咨询的专业人员签名或者盖章。书面咨询的，应当由出具咨询意见的专业人员或者单位签名、盖章。通过组织召开座谈会、听证会等形式就专门性问题听取专家意见的，形成的会议记录应当经与会人员签名或者盖章。

第十二条 人民检察院按照《办案规则》第四十一条对专门性问题委托鉴定、评估、审计、检验、检测、翻译的，应当及时移送有关检材、数据和样本等原始材料，说明有关情况并注明送检责任人，明确提出鉴定、评估、审计、检验、检测、翻译的目的和具体要求。

人民检察院审查鉴定、评估、审计、检验、检测、翻译等相关报告，应当重点对送检内容、送检委托人、送检日期、送检时提交的相关材料、相关依据和使用的科学技术手段、报告结论、相关部门和人员资格及相关部门和人员签名盖章等内容进行审查。经审查符合证据规范的，可以作为证据使用。

第十三条 人民检察院按照《办案规则》第四十二条勘验物证或者现场，可以依照相关规定在勘验过程中取样并进行快速检测，检测结果作为开展诉前监督的依据。拟提起行政公益诉讼的案件，应当委托具有相关资质的机构出具检测报告。

第十四条 人民检察院可以针对公益损害事实和程度、行政机关监督管理职责、行政机关是否依法全面履职、是否依法整改、是否可以结案或者提起诉讼等问题，组织公开听证。

听证过程应当由书记员制作笔录，并全程录音录像。听证笔录由听证会主持人、承办检察官、听证会参加人和记录人签名或者盖章。

二、检察建议

第十五条 人民检察院经调查发现同时存在以下情形的，应当向行政机关提出检察建议：

（一）国家利益或者社会公共利益受到实然侵害或者存在受到侵害危险；

（二）行政机关对受到侵害的国家利益或者社会公共利益负有法定监管职责；

（三）行政机关没有依法履行职责，包括应当履行职责却不作为，或者违法行使职权的乱作为；

（四）行政机关没有依法履行职责致使国家利益或者社会公共利益受到侵害。

向行政机关提出检察建议应报检察长决定，在全国检察业务应用系统中统一制发。

第十六条 检察建议的制发对象应严格按照《行政诉讼法》的相关规定予以确定，禁止对下列机关、单位提出检察建议：

（一）党委及其组成部门；

（二）具有管理公共事务职能，但未经法律法规授权的组织；

（三）受行政机关委托执法的组织；

（四）其他不宜制发公益诉讼检察建议的单位。

第十七条 案件来源部分应写明提出检察建议的起因，一般可结合具体案情从下列线索来源中确定：

（一）自然人、法人和非法人组织通过12309综合服务平台、“益心为公”检察云平台、自媒体或其他渠道，以来人、来电、来信、来访等方式向人民检察院控告、举报的；

（二）人民检察院在履行司法办案职责中发现的；

（三）行政执法信息共享平台上发现的；

（四）国家机关、社会团体和人大代表、政协委员等转交的；

（五）依法公开发行的报纸、刊物，广播、电视等各类传统媒体和官方网站、微博、公众号等新媒体，以及线上线下社会舆论关注和反映的；

（六）其他在履行职责中发现的。

第十八条 认定国家利益或者社会公共利益受到侵害的事实部分，一般应列明公益受到侵害的时间、地点、原因、侵害程度、违法行为人等事实。

第十九条 论述行政机关的监管职责时，应当从法律法规规章中选择重点条款，精准适用。法律法规规章中没有明确规定的，可以依据行政机关“三定方案”、权力清单、责任清单等内部规范性文件，不得机械性罗列法律条文。

第二十条 认定行政机关不依法履行职责的事实和理由，一般应列明以下事项：

（一）行政机关对受损的国家利益或者社会公共利益负有法定监管职责的相关依据；

（二）行政机关违法行使职权或者不作为的事实；

（三）论证行政机关未依法履行职责导致国家利益或者社会公共利益遭受侵害的关联性。

第二十一条 提出检察建议的法律依据一般应包含《中华人民共和国行政诉讼法》第二十五条第四款、《办案规则》第七十五条及授权检察机关提起行政公益诉讼的相关单行法条文。

第二十二条 检察建议的具体内容一般应当符合以下要求：

（一）仅有一个建议条款的，建议内容一般为督促行政机关对检察建议认定事实中涉及的公益受损情况履行法定监管职责。建议行政机关的整改事项应具有明确的指向性和可诉性，与社会治理类检察建议严格区分；

（二）涉及多个建议条款的，建议内容应具有针对性和可操作性，可以提出推动相关问题治理的建议内容；

（三）建议内容应当与行政公益诉讼的诉讼请求相衔接；

（四）建议内容不得对行政机关履行职责的具体方式、程序、标准、手段以及行政相对人需承担具体义务或者减损具体权益的事项提出具体要求。

三、跟进调查

第二十三条 人民检察院依法向行政机关提出检察建议后，应当对行政机关在整改期限内履行职责的情况和国家利益或者社会公共利益受到侵害的情况开展跟进调查，收集行政机关是否依法全面履行职责的相关证据材料，并对行政机关是否依法履行职责进行评估和研判。

第二十四条 行政机关在法律、司法解释规定的整改期限内已依法作出行政决定或者制定整改方案，但因突发事件、整改难度大、整改周期长等客观原因不能全部整改到位，且没有怠于履行监督管理职责情形的，人民检察院应当在整改期限内对案件中止审查。中止审查的原因消除后，应及时对案件恢复审查。

第二十五条 跟进调查应重点围绕以下内容展开：

（一）对行政机关接到检察建议后是否有整改意愿和整改措施进行调查。及时了解行政机关对检察建议提出其负有法定监管职责、存在违法行使职权或者不作为的事实、导致公益损害等是否接受，是否制定并实施了整改措施。

（二）对行政机关是否完成整改进行调查。对于整改回复期内能够整改完毕的案件，以行政机关是否完成整改为判断标准；对于整改回复期内难以整改完成的，以行政机关是否制定符合法律规定的整改方案并按照整改方案时间节点完成相应整改任务为判断标准。

（三）对行政机关的回复内容进行审查。审查行政机关回复内容是否涵盖检察建议的全部内容，整改是否全面，是否能够提供证据证明。对于已经整改，但未按期回复检察建议的，应责令行政机关补充回复，并视情形报人大、上级机关等部门处理。

（四）对整改效果进行评估。评估一般应邀请“益心为公”检察云平台志愿者、专家学者、人大代表、政协委员、人民监督员、特邀检察官助理等参加，可以通过现场勘验、走访调查、调取资料，召开听证会、现场会、评审会、评估会等方式对整改效果进行客观、全面、准确评估。对第三方参与人意见应当进行记录，并由参与人签字确认。涉及生态环境损害、食品药品安全等需要进行专业鉴定的公益诉讼案件，应当委托具备相应资质的鉴定机构出具鉴定意见。

第二十六条 跟进调查应当采取以下方式：

（一）询问行政执法人员。应当询问执法人员收到检察建议后，依法履行职责的具体措施。对于未按照检察建议履行职责的，要询问具体原因。

（二）查阅调取相关资料。在整改期限内要及时调取行政机关针对检察建议履行职责或者仍未履行职责的证据。

（三）回访周边群众。重点记录群众对受损害公共利益恢复情况的意见建议。

（四）勘查整改现场。及时了解受损公共利益恢复情况，通过实地勘查、卫星遥感影像、无人机航拍比对等方式掌握公益恢复进展。

（五）其他能够了解行政机关整改情况的方式。

人民检察院开展跟进调查工作，应当以图片、视频、询问笔录等方式记录行政机关整改情况并留存相关工作资料，根据工作需要形成跟进调查情况报告。

第二十七条 人民检察院根据《办案规则》第七十九条作出终结案件决定前，应当严格按照本意见第二十五条开展跟进调查，收集的证据应当足资证明行政机关已经全面采取整改措施依法履行职责，国家利益或者社会公共利益得到有效保护。

第二十八条 人民检察院发现行政机关在整改期限内未采取有效措施进行整改、拒绝整改，或者制定整改方案但未按期整改、拖延整改等情形的，应立即启动一体化工作机制，对案件进行全面分析研判。

四、提起诉讼

第二十九条 行政机关经检察建议督促仍然没有依法履行职责，国家利益或者社会公共利益仍处于受侵害状态的，应当转入审查起诉阶段，全面收集完善证据、配套法规及相关案例。

人民检察院办理行政公益诉讼案件，应当严格执行《办案规则》第四十七条第一款、第三款、第四款，第四十八条规定的审查起诉期限。

第三十条 拟提起诉讼的行政公益诉讼案件，针对多个行政机关制发检察建议的，提起行政公益诉讼时应当明确各个行政机关的职责范围，可以仅对负有主要监管职责的行政机关提起诉讼。对于无法确定主要监管职责的，也可以对多个行政机关分别提起诉讼。

第三十一条 拟提起诉讼的行政公益诉讼案件，起诉所依据的事实应围绕被诉行政机关在收到行政公益诉讼检察建议后仍未依法履行职责的情形重点展开论述，提出的诉讼请求应当与检察建议内容相关联，诉讼请求中不得对行政相对人承担具体义务或者减损具体权益的事项提出明确意见。

第三十二条 人民检察院提起行政公益诉讼后，应当主动向人民法院提交证据，申请人民法院组织召开庭前会议，交换证据，归纳争议焦点。

第三十三条 向人民法院提起行政公益诉讼的案件，行政机关在审理过程中主张其已依法履行职责，国家利益或者社会公共利益已经得到有效保护的，人民检察院应当调查核实，收集相关证据，经确认诉讼请求全部实现的，经层报批准后，可以撤回起诉或变更诉讼请求。

第三十四条 人民法院判决行政机关履行法定职责、采取补救措施、重新作出行政行为的，人民检察院应当持续跟进调查。经过跟进调查，人民检察院认为行政机关仍未履行法定职责，国家利益或者社会公共利益仍处于受侵害状态的，应当报同级党委以及行政机关的上级部门；涉及违纪违法问题的移送同级纪检监察机关。认为人民法院有《人民检察院行政诉讼监督规则》第一百一十一条第（六）项规定的不履行或者怠于履行执行职责情形的，依照有关规定将案件线索移送行政检察部门处理。

五、其他规定

第三十五条 各级人民检察院应定期对本院已办结的行政公益诉讼案件整改效果的巩固情况开展“回头看”。“回头看”应当重点关注以下案件：

（一）生态环境和资源保护、食品药品安全、安全生产等容易反弹回潮领域的；

（二）人民群众反映强烈的；

（三）行政机关建立长效机制的；

（四）其他有必要“回头看”的。

第三十六条 上级检察机关应当通过抽查或组织基层院互查的方式对行政公益诉讼案件开展“回头看”。行政公益诉讼案件“回头看”通过查阅案卷、实地踏查等方式开展。

第三十七条 在“回头看”过程中，发现针对同一违法事实，行政机关未依法全面履行职责，致使整改效果“反弹回潮”，国家利益或社会公共利益受到损害的，人民检察院应当重新立案，以紧急情况下十五天为整改期限向行政机关发出检察建议，督促行政机关履职整改。

第三十八条 人民检察院公益诉讼部门在行政公益诉讼案件办理过程中发现的民事、行政、刑事案件线索，应依据《吉林省检察机关关于加强内部移送法律监督线索工作的指导意见》移送线索。

第三十九条 行政公益诉讼案件卷宗材料应当同步上传至全国检察业务应用系统，纸质卷宗与电子卷宗相一致。案件办结后，应及时在全国检察业务系统中结案，按照公益诉讼案件卷宗制作的相关规定归档。

第四十条 本意见自印发之日起试行，由吉林省人民检察院第八检察部负责解释。法律、司法解释、规范性文件等另有规定的，从其规定。

贵州检察机关开展专项监督 助力非物质文化遗产系统保护

贵州作为多民族共居的省份，民族文化多元、非物质文化遗产丰富，截至目前已有128项国家级非物质文化遗产和779项省级非物质文化遗产。2022年以来，贵州检察机关积极稳妥探索开展非物质文化遗产公益诉讼检察工作，聚焦本地公益保护需求，助力提升全省非物质文化遗产系统性保护水平，推动构建具有“多彩贵州”特色的非物质文化遗产保护传承体系。

一、做实调查研究，多措并举找准工作方向

一是深入研究论证。贵州检察机关立足地方特色，积极探索开展非物质文化遗产公益诉讼，结合《中共中央关于加强新时代检察机关法律监督工作的意见》，中办、国办《关于在城乡建设中加强历史文化保护传承的意见》中关于探索办理文物和文化遗产保护等领域公益损害案件、加大城乡历史文化保护传承公益诉讼力度的部署要求，充分论证开展公益保护的必要性及可行性。同时，要求各地全面梳理非遗保护相关法律法规和政策文件，以及地方政府、相关职能部门在非遗保护工作中的职责分工，找准办案的切入点、着力点，实现精准监督。

二是摸清问题底数。分类梳理全省国家级、省级、市州级非遗代表性项目，对500余名省级非遗传承人逐一进行涉法涉诉筛查，摸清非遗底数。走访省文旅厅非遗管理部门，邀请长期从事非遗研究的专家学者、“益心为公”志愿者、人民监督员等参与座谈，准确掌握全省非遗保护现状。

三是明确监督重点。深入非遗所在地、非遗产业企业开展实地调

研，与皮纸技艺、蜡染、云雾贡茶手工制作技艺、鼓龙鼓虎长衫龙、四印苗服饰、姐妹萧等非遗传承人进行面对面沟通交流，找准问题、需求；主动上门与非遗专家虚心请教、坦诚交流，寻求专业支撑；组织9个市州检察机关召开非遗保护座谈会，交流各地非遗公益诉讼工作情况，明确监督重点，做到有的放矢。

二、部署专项工作，点面结合推进系统保护

贵州省院在深入调研的基础上，先后部署开展“非物质文化遗产保护”“少数民族特色村寨保护”专项监督工作，共立案84件，发出诉前检察建议55件，磋商结案20件，支持起诉2件。

一是通过专项监督推进非遗本体保护。贵州省非遗项目数量位居全国前列，但在保护、传承、发展等方面均面临诸多问题和困难。2022年2月，贵州省院部署开展非物质文化遗产公益诉讼保护专项工作，明确由贵州省第一地区检察院牵头统筹，三级检察院一体推进，以司法手段促进解决非遗保护中的传承人管理、资金场所保障、非遗产业保护等方面的突出问题，助力提升非遗保护的系统治理水平。

二是通过专项监督推进非遗载体保护。贵州数量众多的少数民族特色村寨，是非物质文化遗产的伴生沃土和有效载体。2022年3月，贵州省院部署开展为期两年的“少数民族特色村寨保护专项监督工作”，聚焦民族村寨特色要素保护、民族文化传承、基础设施建设、人居环境整治、知识产权保护、特色产业保护等方面突出问题，重点发力，促进民族村寨的整体保护和发展。

三、聚焦难点堵点，助力解决公益损害突出问题

一是聚焦传承“断档”问题，督促分级分类保护。检察机关通过磋商、检察建议等方式，督促行政机关加强非遗项目分级分类保护工

作，对客观存续条件已经消失或者基本消失的项目进行记忆性保护，对于濒危的非遗项目进行抢救性保护，对于受众较为广泛、活态传承基础较好的项目进行传承性保护，对于传统技艺、传统美术和传统医药等具有市场需求和开发潜力的项目进行生产性保护，确保文化传承接力“不掉棒”。如黔西市院针对以祭祀“神树”为载体的苗族传统民俗“榔生”非遗项目活态保护力度不足、传承濒临灭失等问题，向市文广局和乡政府发出检察建议，推动划拨专项资金专门举办一次“榔生”，并通过全程记录、收集实物等措施开展抢救性保护。

二是聚焦传承保障问题，督促解决场所资金保障。专项工作中发现，部分地区存在非遗专项资金未纳入地方财政、非遗项目未提供传承场所或传承场所挪为他用、津贴发放不及时等问题。检察机关依据《贵州省非物质文化遗产保护条例》的相关规定，针对不履行保护工作职责，未按照规定程序认定代表性项目，违法占用非遗场所，截留、挤占、挪用非遗专项资金等行为，通过检察建议督促行政机关及时解决非遗传承场所、资金等保障问题。如从江县院针对全球重要农业文化遗产“从江侗乡稻鱼鸭复合系统”资金投入、技术指导等保障不足，面临消失危险，向县农业农村局发出检察建议，推动将该非遗项目保护资金1240.46万元纳入县级财政预算。

三是聚焦传承人管理问题，督促激活退出机制。专项工作中发现，部分传承人违反法律法规未取消资格、被列入失信人员未取消资格、传承人管理考评机制不健全等问题。检察机关依据相关规定，通过检察建议督促行政机关依法履行非遗项目评估、非遗传承人考评职责，激活传承人“退出机制”，保障非遗文化健康传承。如大方县院针对“大方县豆制品制作技艺”非遗传承人刘某某被列入失信被执行人名单11次但仍未被取消传承资格的问题，邀请政协委员、“益心为公”志愿者、人民监督员等举行公开听证，并当场向县文广局发出检察建议，推动文广局及时开展调查核实并层报省文旅厅取消刘某某传承人资格，并对县辖区内12位非遗传承人开展全面排查。

四、推动源头治理，协同履职共建长效保护机制

一是以个案办理助推社会治理。结合非遗公益诉讼案件办理，在重点非遗项目建立检察联络站，持续开展非遗保护。如紫云县院结合办案，在“亚鲁王”文化研究中心成立“非物质文化遗产公益诉讼检察工作站”；六盘水市水城区院做好办案“后半篇文章”，在少数民族特色村寨天门村挂牌成立“检爱古村”工作基地。

二是不断深化检行协作机制。主动与行政机关建立协作机制，召开联席会议，凝聚监管共识，形成齐抓共管良好格局。如玉屏县院与县文体广电旅游局共同制定《关于加强非物质文化遗产保护突出问题执法司法衔接协作的意见》，就联合执法、信息共享、线索移送、联合惩戒等问题作出具体规定。

三是推动行政机关堵漏建制。及时梳理总结办案中发现的制度机制不健全、行政监管盲区等问题，推动行政机关堵漏建制。如道真县院通过办案推动行政机关建立《非物质文化遗产保护规划》及《传承人考核管理办法》；雷山县院结合办案实践和实地走访调研形成调研报告，推动县委县政府出台《雷山县区域公共品牌建设和保护工作实施意见》和《雷山县区域公共品牌使用管理办法（试行）》，在全县域内打造非遗公共品牌。

四是推动非遗法治保护。系统调研分析存在问题的深层次原因并形成专题报告，积极争取各级人大的监督支持。如贵州省院针对非遗保护分类指导不细、知识产权保护力度不强、项目产业化发展促进不够、传承人退出机制不明确、法律责任不够细化等问题，于2022年9月向省人大常委会提出修订《贵州省非物质文化遗产保护条例》的建议。

广东省深圳市检察机关聚贤融智深化“益心为公”云平台应用

广东省深圳市检察机关深入贯彻最高检有关部署要求，凝聚各方公益保护力量，深化“益心为公”志愿者检察云平台应用，推动形成“多方参与、共治共享”公益司法保护新格局。

一、“建队伍＋搭平台”完善机制规范管理

一是广泛招募打造队伍。深圳市院通过召开全市检察机关“益心为公”志愿者检察云平台工作动员部署会，对全市检察机关平台建设进行动员部署。牵头与团市委充分会商，联合发布社会招募公告，广泛招募志愿者近三百名，包括行政机关人员、法律工作者、新闻媒体工作者等群体，打造多元化高素质的公益保护志愿者队伍。二是建立线索提报平台。制定《深圳市检察机关“益心为公”检察云平台志愿者提报线索管理办法》，建立平台线索管理机制和台账，及时高效向线索提报人反馈，确保“件件有着落”。三是建立机制完善管理。制定《深圳市检察机关“益心为公”志愿者管理办法（试行）》，明确志愿者招募解聘、权利义务、履职方式等事项，规范志愿者日常管理，建立优秀志愿者表彰等激励机制，激发履职积极性和参与公益保护热情。

二、“培训＋互动”提升志愿者履职水平

一是以系统培训提升能力。举办“益心为公”志愿者培训会，对全体志愿者进行系统培训，为志愿者有效履职、挖掘线索提供支撑。开展岗前培训，邀请资深志愿者培训师授课，提高履职动力和活力。

二是以联络互动强化协作。市、区两级检察机关均建立志愿者工作群，线上引导和鼓励志愿者提报线索，第一时间解答问题，适时发布工作动态、典型案例等。举办“益心为公”主题检察开放日活动，组织志愿者开展座谈、参观，参加专题普法活动，提升对检察公益诉讼的参与度、知晓度、认同度。

三、“公益诉讼＋志愿服务”融合办案成效明显

深圳市检察机关主动邀请志愿者参加磋商、跟进监督、公开听证、专业咨询及案件“回头看”等办案环节，让志愿者作为社会公众代表融入检察机关日常履职全过程。一是合力守护绿水青山。在志愿者提报线索和协助下，办理阳台山森林公园垃圾违法堆放行政公益诉讼案等一批环境公益诉讼案件，依法督促相关行政部门对全市12座郊野公园的垃圾违法堆放问题进行整改，清理历史堆积垃圾1.2万立方米，并邀请志愿者开展整改“回头看”，助力解决郊野公园隐蔽处“垃圾成堆”管理缺位困局。二是合力营造无障碍友好环境。根据志愿者提供线索，开展无障碍环境专项监督，相关工作被央视《今日说法》专题报道。在志愿者协助下，开展视障群体“用药难”问题监督，推动出台药品外包装盒印制盲文、说明书语音播报电子化改造、医院设置优先服务窗口、制定药店无障碍设施与服务行业标准等措施，充分保障特定群体用药需求，得到央视《法治在线》《检察日报》等主流媒体报道。三是合力提升城市文明水平。针对深圳市男女公共厕位未达到地方性法规要求的相关行业标准问题，通过实地调查以及向志愿者发放调查问卷的方式进行摸底，志愿者利用休息时间对全市90处人员集中的公园、商场、轨道交通站、医院、旅游景点等地公共厕所实地调查，反馈调查问卷110份，并积极参与整改方案制定和公开听证活动，为案件成功办理奠定良好基础。

江苏省检察机关推动多向融合协同共治筑牢反电信网络诈骗“防护墙”

《反电信网络诈骗法》实施以来，江苏省检察机关积极开展反电信网络诈骗领域检察公益诉讼，推动建立健全“分业分层监管、联合联动执法”体制机制，促进各部门协同履职，切断电信网络诈骗犯罪黑产链条。

一、聚焦“三种治理”，推动斩源断链

（一）聚焦电信治理

通过诉前磋商、制发检察建议等方式，督促行政机关依法全面履职，落实电话用户真实身份信息登记制度、开卡数量核验机制、物联网卡用户风险评估制度等职责。新沂市院针对电信业务经营者违规利用他人信息办理电话卡并提供他人进行电信网络诈骗活动的情形，向主管部门制发诉前检察建议，督促新沂电信对疑似沉默用户进行送停处理，对不活跃用户号卡进行保护性停机处理等。

（二）聚焦金融治理

针对银行业金融机构、非银行支付机构未履行反电诈主体责任义务的问题，监督中国人民银行等监管部门督促建立客户尽职调查、账户异常风险防控、异常账户和可疑检测等制度机制，防范银行账户、支付账户等被用于电信网络诈骗。镇江市京口区院针对商业银行反电信网络诈骗责任落实不到位，导致相关银行账户被不法分子利用成为电诈资金支付结算工具的问题，向金融主管部门制发诉前检察建议，督促其及时采取有效措施落实金融领域反电信网络诈骗监管职责。

（三）聚焦互联网治理

针对网络平台前端个人信息泄露、引流推广，后端利用“跑分平台”、虚拟货币进行洗钱等违法行为，督促行政机关加大对互联网平台信息发布的监管执法力度，落实互联网账号核验、个人信息保护等职责，助力消除和防范电信网络诈骗隐患。常州市经济开发区院探索对有偿提供“人脸解封”服务行为提起刑事附带民事公益诉讼，制发检察建议推动公安机关与腾讯公司建立合作机制，对违规解封账号及时处置，加强互联网账号异常识别与处置。

二、开展“三大融合”，提升监督质效

（一）聚焦电诈特性，推动内部业务融合

针对反电信网络诈骗案件高度复合性和专业技术性等特点，强化“四大检察”业务融合，发挥公益诉讼检察对电信网络诈骗全链条打击、一体化治理中的独特作用。江苏省检察机关开展打击治理电信网络诈骗犯罪“百日行动”，刑事检察从严从快攻坚电信网络诈骗案件，依法惩治“黑灰产”；公益诉讼检察同步开展电信网络诈骗类案分析，溯源监管盲区，发挥行政公益诉讼督促履职作用，实现电信网络诈骗源头治理、系统治理。扬州、镇江等市检察机关组建“刑事＋公益诉讼＋技术”检察办案团队，整合办案资源，集中办理涉及系统性、普遍性、行业性问题的重大案件，一体推进反电信网络诈骗刑事追诉和公益保护。

（二）聚焦监管层级，推动上下纵向融合

完善顺畅贯通的纵向一体履职机制，健全依法跟进监督、接续监督机制。南通市崇川区院办案中发现电信部门对利用空壳公司申请固定电话实施电诈未有效监测预警，依据级别管辖规定将线索报请移送

南通市院，经两级院一体办理，督促南通市公安局、南通市市场监督管理局等7家单位磋商明确履职方式及执法权限，其中涉及省级行政机关未依法履职的，由江苏省院向江苏省通信管理局转送检察建议，推动落实固定电话安装实名制审核制度及封停固定电话重开监管制度。

（三）聚焦线索研判，推动各方数据融合

深化依法履职，依托数字检察拓宽线索发现来源，既“抓末端、治已病”，更“抓前端、治未病”。镇江市京口区院自主研发“反电信网络诈骗大数据分析平台”，汇聚公安机关、行政机关数据，智能开展研判分析，锁定重点公益诉讼线索后予以推送核查，利用大数据赋能的独特优势，实现司法保护端口前移，促进反电信网络诈骗综合治理问题的高效解决。

三、实现“三个效果”，筑牢反诈防线

（一）全链条完善“联防联控”，凝聚执法司法合力

坚持齐抓共管，加强与公安机关、通信主管部门、金融主管机关等职能部门和责任主体跨行业、跨地域协同配合，实现协同共治。江苏省检察院、省通管局、省公安厅等单位组成反电信网络诈骗联盟，建立行业治理协同机制。扬州市宝应县院联合多部门制定出台《宝应县反电信网络诈骗联动预警、阻断、止损前端介入防控协作实施意见》，从惩、防、治三个方面系统推进电信网络诈骗行为治理。

（二）全方位压实“社会责任”，促进行业自律

通过公益诉讼履职，加强行政监管与行业自律有机衔接，促进电信业务经营者、银行业金融机构、非银行支付机构、互联网服务提供者加强自律，压实企业社会责任。重点关注涉“两卡”行业内部规范问题，制发综合治理检察建议督促涉案企业自纠自查，完善内部监测

预警机制，提升企业风险防范能力。

（三）全覆盖开展“以案释法”，营造全民反诈氛围

聚焦易受害群体、案件高发行业和重点地区，持续深入开展“以案释法”工作，提升全民识骗防骗能力。三级检察机关成立反诈宣讲团 37 个，借力“益心为公”志愿者，开展反诈进机关、进学校、进社区等活动 384 场次，受众达 20 万余人，提升全社会防范电信诈骗意识。盐城市金湖县院组建“益心为公”检察云平台志愿者队伍，向全县网格员开展公益损害巡查要点培训，将反诈宣传与拓宽案源渠道同步推进。常州检察机关依托“一潞网安 阳光经开”网络安全主题街区、“反诈前哨”窗口等平台，向广大群众发放宣传手册，普及相关法律知识，营造全民反诈氛围。

四川省成都市检察机关突出预防性司法理念以公益诉讼高质效办案助力安全韧性城市建设

党的二十大报告指出，“坚持安全第一、预防为主，建立大安全大应急框架，完善公共安全体系，推动公共安全治理模式向事前预防转型”。自2021年9月修订后《安全生产法》明确规定检察机关可在安全生产领域提起公益诉讼以来，全市检察机关突出预防性司法理念，以专项监督为抓手，强化部门协同联动，不断拓展公益诉讼参与超大城市治理的广度和深度，积极助力安全韧性城市建设。全市检察机关共立案办理公益诉讼案件198件，2起案件入选最高检安全生产领域公益诉讼典型案例，1起案件入选2022年四川省保护民营企业合法权益十大典型案例。

一、突出重点精准履职

一是服务保障大运会安全召开。金牛区、龙泉驿区等院针对大运会场馆AED（自动体外除颤器）配置不齐全、使用不规范问题，向卫健部门提出诉前检察建议，督促在场馆内规范配置AED设备。青白江区院针对大运会篮球场馆周边路灯改造占道施工不规范可能引发的安全问题，通过案件办理推动对该区域2800根智慧路灯改造施工点位进行统一排查和规范施工。二是推动拧紧群众身边“安全阀”。聚焦人民群众关心关注的燃气安全、居民小区飞线充电消防安全、游泳、攀岩等高危险性体育经营安全，共立案办理公益诉讼案件168件。2022年、2023年连续两年部署开展燃气安全公益诉讼专项监督，武侯、双流、彭州、金堂、大邑等院针对瓶装液化气非法充装二甲醚、燃气经营者储存燃气场所不具备安全条件、餐饮店铺未安装可燃气体报警装置等问题共办理公益诉讼案件 63 件，助力消除燃气生产、销售、运输、使用各环节安全隐患；2024 年，市院针对全市家用燃气灶具使用安全隐患共性问题，自行立案办理行政公益诉讼案件，并与成都市经济和信息化局、市场监督管理局（以下分别简称市经信局、市市场监管局）开展磋商，推动两部门针对使用和二次销售案涉不合格家用燃气灶具问题协同开展全市专项整治，推动相关部门守牢燃气安全“最后一公里”。三是助力“以换代充”新业态规范发展。针对成都外卖经济活跃，电动两轮车电池“以换代充”新业态快速兴起后的监管滞后问题，于 2022 年 1 月部署电动自行车锂电池换电安全生产公益诉讼专项监督行动，两级院共立案办理公益诉讼案件 20 件，重点解决换电柜布设选址较为随意、安装不尽规范、换电企业未采取有效措施防范换电柜布设场所火灾风险等问题。龙泉驿区院办理的督促整治电动自行车锂电池智能换电柜消防安全隐患行政公益诉讼案入选最高检 2022 年安全生产领域检察公益诉讼典型案例。

二、数据赋能提质增效

全市检察机关公益诉讼检察部门积极运用瓶装液化气行业安全生产类案监督模型，该模型共向成华、温江等 13 个基层检察院推送涉全市 13 个区县共 19 个燃气经营企业非法充装公益诉讼线索 19 条，全市检察机关共立案办理涉瓶装液化石油气非法充装二甲醚、C5 及 C5 以上烃类组分实测值不符合国标要求公益诉讼案件 10 件，提出诉前检察建议 9 件，涉 9 个区县 12 家燃气经营企业。金堂县院针对模型推送线索扎实开展案件办理工作，在开展询问餐饮经营者、委托技术检测、专家咨询等系列调查取证工作的基础上，向金堂县市场监管局提出诉前检察建议，督促其依法履职。县市场监管局对燃气经营企业负责人进行约谈，责令该企业立即停止违法行为并限期整改。该企业对下辖的4个配送点进行全面排查，发现非法掺混、超期未检等“问题瓶”147个，立即封存后移交气瓶检验机构进行报废处理。该案入选最高检2023年安全生产检察公益诉讼典型案例。

三、源头治理标本兼治

一是社会治理检察建议促源头治理。市院针对锂电池换电消防安全隐患共性问题，向市应急管理局、市消防救援支队制发并公开宣告送达社会治理检察建议，推动市应急管理局开展换电企业消防安全整治行动，排查整治消防安全问题2432项，制定成都市换电企业安全生产监管工作两清单一指南，明确场所选址布局、电池换电柜设置、场所防护措施要求等4大类37项监管内容。高新、成华、双流、彭州等院向相关单位制发社会治理检察建议7件，推动相关职能部门开展专项整治、建立长效工作机制。二是积极参与地方立法修订。成都市院与市应急管理局加强沟通，于2022年8月，在《成都市非机动车管理条例（修订草案）》征求意见过程中，书面建议将电动自行车换电安全监管以及换电服务企业安全生产主体责任纳入草案，新修订的《成都市非机动车管理条例》已于2024年6月1日起施行，相关建议被吸收采纳。引导社会力量有序参与。高新、成华、龙泉驿等院积极引导“益心为公”志愿者以线索提供、出具专家意见、参与听证、跟踪回访等方式辅助案件办理，共同推动解决公益受损问题。